目錄

第二部分　移英後生活指南

第五章 稅務部署篇

第六章 精明生活篇

第七章 英國駕駛篇

第八章 理財及其他

自序

一個陽光普照的倫敦下午三點半，約了兩位朋友嘆英式下午茶，本應是寫意、自在及「#IGable」，但兩位朋友卻各自「放負」，訴説在英國生活的壓力，浪費了難得的好天氣，但我沒有怪她們，因為 BNO Visa 移英港人確實沒有可以紓壓的出口。

要是她們在社交平台稍為吐吐在英國生活的苦水，有些人看見猶如如獲至寶，冷言冷語在所難免，更怕是被錯誤引用，大字標體「移英港人大呻乜乜乜」。其實道不同不相為謀，大可不必理會他們。最慘還是被所謂的「同路人」冷嘲熱諷。少部分一早移英的急急劃清界線，自持高高在上，看不起 BNO Visa 移民；少部分移民到其他國家的，踩低英國從而抬高自己去的國家。説白了，BNO Visa 提供了前所未有低門檻移民途徑，移民變得容易，這些人失去了移民身份帶來的優越感。

移民英國不是童話故事，我們不會「從此過著幸福快樂的生活」（lived happily ever after)。但也不會是恐怖電影，我們不會日日擔驚受怕，怕歧視、怕街童、怕小偷……人生的劇本不論在哪個舞台上演，英國或香港，甚至於乎加拿大、美國、澳洲都好，都一定會經歷甜、酸、苦、辣、咸。

BNO Visa 政策推出首年，已經有 10 萬人申請及獲批，我想跟所有 BNO Visa 移民嘅朋友講：You are not alone！在英國會遇到不如意的事，但亦都會有令人開心嘅事，這些都是正常不過，你所經歷嘅，好多人都陪你一齊經歷緊，「避唔到，就一齊捱」（電影《一秒拳王》對白）。喺五味雜陳嘅人生劇本入面，我希望這本書會是你的一碗「清淡雞湯」，書中沒有唱好大英帝國，亦沒有唱衰大不列顛，只有提供最實在的移民英國資訊。這碗「雞湯」雖然淡味，但健康有益，裡面全是真材實料（內容豐富）、不加味精（真實經驗），而且用料新鮮（最新資訊）。

這本書分開兩個部分：「移英前準備清單」和「移英後生活指南」。「移英前準備清單」結合時間表和清單，列出移民英國前需要準備的重要事項；「移英後生活指南」涉及日常大小雜項，提供居住在英國的各方面生活資訊。幫助移英港人規劃部署及適應新生活是我出版這本書的目的，也是我當初建立「Michelle in England」YouTube 頻道的初衷。

最後，謹藉此機會感謝我的家人和「Michelle in England」YouTube 頻道的支持者。

Michelle Wu

07.2022

https://www.youtube.com/c/MiscellaneousUK

書內提及的各類資訊，可能會因應時效或實際情況而有所不同，
敬請留意。

特集：BNO Visa 最新消息

BNO Visa 移民英國簽證於 2021 年 1 月 31 日起開放申請，擁有 BNO 身份人士及其合資格家庭成員，可以透過 BNO Visa 在英國就業及上學。以 BNO Visa 在英國居住滿 5 年後，便可申請永久居留權，以永居身份再居住 1 年，便可入藉成為英國公民，因此仿間稱 BNO Visa 為「5+1」。

申請 BNO Visa 的方法是在網上填妥申請表格及繳付相關費用後（https://www.gov.uk/british-national-overseas-bno-visa/apply-from-outside-the-uk），透過以下其中一種方式進行身份識別。
`

方法一：預約前往北角的 VFS 簽證中心提交指紋及拍照。

方法二：使用智能電話應用程式「UK Immigration：ID Check」掃描護照（只適用於附生物特徵的 BNO 護照、香港特區護照或歐洲經濟區（EEA）護照）。

1.) 香港英國歡迎計劃

英國政府於 2021 年 4 月，宣布撥款 4,300 萬英鎊推行「Hong Kong UK welcome programme」（香港英國歡迎計劃），設立 12 個虛擬迎新中心，為 BNO Visa 持有人提供房屋、就業及教育的支援。學校亦會獲得資源，以教導學生有關英國與香港的歷史聯繫。同時，英國政府制定了繁體中文版的歡迎小冊子，內文詳細地介紹英國生活、就業、創業、住屋、醫療、教育、權利和義務等資訊，以協助港人在英國順利安頓。此外，亦分別設立了廣東話及英語熱線，解答申請 BNO Visa 的查詢。

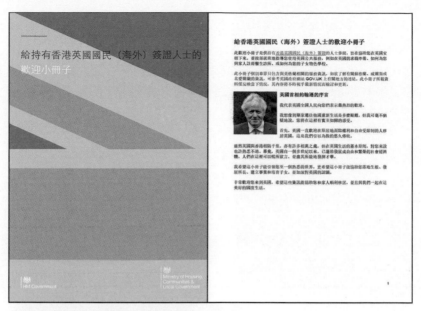

英國政府製作的繁體中文版歡迎小冊子。

2.) 配偶／伴侶申請 BNO Visa 新安排

英國內政部亦於 2021 年 4 月放寬 BNO Visa 申請條件，原來的限制是擁有 BNO 身份人士（主申請人）及其合資格家庭成員必須在 48 小時內同時遞交 BNO Visa 申請表格，而更新的指引，准許主申請人及其配偶或伴侶分開申請 BNO Visa，而未滿 18 歲的子女亦可和稍後入境英國的家長申請 BNO Visa。

另外，若獲得簽證後孩子出生，該名孩子可申請 BNO Visa。而申請人在申請簽證後認識新伴侶，並且滿足申請簽證的資格，該名伴侶亦可申請 BNO Visa。但要注意的是，雖然允許不同時間入境，但主申請人必須滿足居英滿 5 年的要求，其居英滿 5 年的家庭成員才可以申請永久居留權。

3.) 1997 年 7 月 1 日後出生人士申請資格

2022 年 2 月英國內政部再度放寬 BNO Visa 的申請，在 1997 年 7 月 1 日或以後出生、滿 18 歲的的香港人，只要父母其中一方擁有 BNO 身份，將被容許以個人身份獨立申請 BNO Visa，相關措施預計 2022 年 10 月生效。

4.) HPI Visa 高潛力人才簽證

英國政府於 2022 年 5 月推出「高潛力人才」（High Potential Individual、HPI）簽證，若過往 5 年在位列全球頂尖的非英國大學畢業，便可申請此簽證赴英國工作。申請時，毋須先獲英國僱主聘請，可在獲得簽證後才找工作。此簽證亦容許申請人帶同配偶或伴侶及供養的子女赴英。簽證年期為兩年（持學士或碩士學位）或三年（持博士學位）。不過，此簽證並不能申請永居或入藉，當 HPI 簽證結束後，你需以其他簽證方式，例如工作簽證，留英工作及申請永居或入藉。

第一部分
移英前準備清單

移英前準備清單：
4個關鍵時間點的To Do List

本文把 BNO Visa 移民英國前的準備清單，分開 4 個關鍵時間點，並逐一分享每一個時間點，需要處理的事項及需要注意的地方。

規劃移民英國前，你需要先決定大約什麼時候離開香港。英國內政部審批 BNO Visa 最多需要 12 星期（約 3 個月），當 BNO Visa 獲批後，你需要約 1 個月時間處理香港的繁瑣事情，所以建議在預計離港前 4 個月申請 BNO Visa。

申請 BNO Visa，你必須提交結核病測試證書，由於結核病測試（俗稱：TB Test）需要在大約 1 個月前預約，加上測試後需要約 1 星期才可領取證書，所以建議在申請簽證前兩個月，即離港前 6 個月開始部署移民英國的事宜。

另外兩個關鍵時間點，分別為：

· BNO Visa 獲批後，你需要申請 ToR1 （免稅搬運個人物品），以及
· 離港前一個月辦理離港清稅以及其他離港到英國前的準備

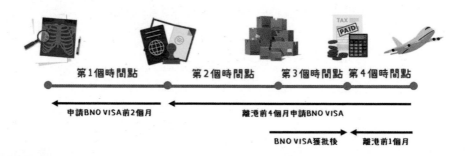

第1個時間點　　第2個時間點　　第3個時間點　第4個時間點

申請BNO VISA前2個月　　　　離港前4個月申請BNO VISA

BNO VISA獲批後　　離港前1個月

關鍵時間點 1：
申請 BNO Visa 前 2 個月，即離港前 6 個月

☐　預約及進行結核病測試

☐　開立英國銀行戶口

☐　逐步兌換英鎊

☐　英國落腳點資料搜集

☐　準備 BNO Visa 申請文件

1.　預約及進行結核病測試（TB Test）：

申請 BNO Visa 前，最重要的便是預約及進行結核病測試（TB Test），因為提交 BNO Visa 申請的時候，你必須同時提交結核病測試證書，否則你的申請將不獲受理。在香港，現時有合共有 11 間英國官方核准的結核病測試診所，預約進行測試大約需要 1 個月的時間，檢查的費用為港幣 1,080-1,500 元不等。結核病測試主要是進行肺部 X 光檢查。若你的檢查結果顯示沒有異常，一星期內便可領取證書。結核病測試證書的有效期為六個月，在申請 BNO Visa 時，必須確保證書有效。*[詳見本書章節《1.1 申請簽證必須：進行結核病測試》]*

2. **開立英國銀行戶口：**

預早開立英國的銀行戶口，以便未出發前，把資金慢慢轉移到英國。當到步英國後，就可以馬上使用英國銀行的 debit card（扣賬卡）提款、乘搭交通工具和購物。

英國的銀行大致可分為三類：第一類是香港及英國均有分行的銀行，例如：匯豐銀行、東亞銀行；第二類是在香港沒有分行的英國本地銀行，例如：Barclays、Lloyds、Santander。第三類是英國的虛擬銀行，例如：Starling、Monzo、Revolut。英國的本地銀行或虛擬銀行戶口需要有英國的收信地址才可以申請。另外，英國部分本地銀行雖然有國際版供海外人士申請，例如 Barclays Int.、Lloyds Int.、Santander Int.，但這些國際版銀行註冊地並不是英國，而是英國皇家屬地，例如：曼島、馬恩島。而申請國際版亦有最低存款要求，同時亦要求申請者為身份證明文件進行公證。因此，筆者建議大家開立匯豐或東亞的英國銀行戶口。*[詳見本書章節《1.2 資金先移英 1：開立英國匯豐離岸戶口 》及《1.3 資金先移英 2：登記英國匯豐網上銀行》]*

3. 逐步兌換英鎊：

由於英鎊的價格起伏不定，大家可以趁還有一段時間才去英國留意匯率走勢，趁低價時買入英鎊或使用平均成本法每月逐少兌換一些英鎊。兌換英鎊可以透過找換店、銀行或網上交易平台。一些網上交易平台，例如 Interactive Brokers，它們的匯率緊貼市場價格，而且手續費低廉，筆者推薦大家利用這些平台兌換英鎊。
[詳見本書章節《1.4 平價換英鎊 1：開立 IB 戶口零差價換外幣》及 《1.5 平價換英鎊 2：將 IB 外幣匯出至離岸戶口》]

4. 英國落腳點資料搜集：

初步就不同的英國地區進行資料搜集，找出適合自己及家人的落腳地。利用英國求職網站，篩選出幾個城市有較多適合自己的工作機會，Reed、Indeed 及 LinkedIn 是英國人常用的求職網站。之後，通過 Zoopla 或 Rightmove 這些大型買屋租屋網站，查找一下這些城市的樓價或租金，自己能否負擔得起。再進一步，通過地區統計網站，全面了解心儀的地區，例如 Xploria 這個網站，可以看到不同地區的治安、學校、人口、公屋比例、設施配套等等的有用資訊。 *[詳見本書章節《1.6 搵英國落腳點：最齊英國地區資訊網站》]*

5. **準備申請 BNO Visa 所需的文件**

申請 BNO Visa 你需要上載以下文件：

· 香港住址證明（英文），例如：水電煤賬單、政府發出的信函、
  銀行月結單、支薪記錄、租金或按揭記錄等等。

· 經濟能力足以在英國生活最少6個月的證明，例如：銀行月結單、
  自僱收入證明、出租物業收入證明等。這些證明必須是在你提
  交申請前不超過 31 日的文件。至於英國的錄取通知通常不接受
  作為證明文件，除非是從現時的僱主轉到英國工作。

· 如果一同申請的家人沒有 BNO 護照，便需要準備家庭成員關係
  證明，例如：結婚證書、出世紙、收養證明等。

· 申請 BNO Visa 時需要列出你過往 10 年的旅遊紀錄，對於經常
  旅行的香港人以言是比較麻煩，筆者建議先準備一個 Excel 列出
  過往 10 年去過的地方、入境及出境日期，當申請 BNO Visa 時，
  便可以直接 copy and paste 到申請表格。至於相關證明，你可以
  把整本護照掃描，顯示所有出入境的海關印章或入台證。

· 英國住宿費用證明，大家可以在網上預訂可以免費取消的酒店，
  之後把確認預訂的頁面儲存成 PDF 格式作為證明，謹記 6 個月
  的住宿費用不應超過或非常接近你提供的經濟能力證明。如果
  暫居於英國親友的家中，可以提供這位英國親友的證明信。

關鍵時間點 2：
申請及審批 BNO Visa 期間，即離港前 4 個月

- ☐ 申請 BNO Visa
- ☐ 申請 ECCTIS 學歷對認證明
- ☐ 預約船運公司
- ☐ 索取大學 MOI 證明信
- ☐ 處理香港電話號碼

1. 申請 BNO Visa

先在網上填寫申請表，然後透過以下方法進行身份證明：（一）到北角簽證中心登記指紋或；（二）用 'UK Immigration: ID Check' App 掃描具生物認證護照。審批時間為 12 星期內。[詳情請瀏覽英國官方網站：https://www.gov.uk/british-national-overseas-bno-Visa/apply-from-outside-the-uk]

2. 申請 ECCTIS 學歷對認證明

英國機構 ECCTIS 可以把你的香港學歷對應英國同等學歷，方便求職時，英國的僱主了解你的學歷水平，只需要網上申請及上載證明文件，包括畢業證書及成績表。除專上或以上的學歷外，也可以對認會考、A-Level 和 DSE 的成績。*[詳見本書章節《2.1 為求職作準備：香港學歷對應英國同等學歷》]*

3. 預約船運公司

等待 BNO Visa 審批期間，可以開始預約船運公司。由於近來有很多港人移民，船運公司的預約很滿，所以需要盡早預約。大家不需要因為沒有確實的出發日期，而不敢先預約船運公司，一般在收貨日的 1 星期前，你仍然可以更改收貨日期。現在有很多船運公司可供選擇，建議大家花些時間比較不同公司的價格及收費內容，包括：保險費用、文件處理費用、香港陸地運輸費用、英國陸地運輸費用、人力搬運費用等等，務必清楚每個項目的收費以及仔細閱讀報價單的內容。

4. 索取大學 MOI 證明信

居英滿 5 年後，你必須滿足英語能力的要求才可申請英國永久居留權。如果你的大學學位是以英語授課，你便不需要考英語測試，只需向英國機構 ECCTIS 申請英語能力證明，便可符合相關的英語能力要求。申請英語能力證明你需要提交由大學發出的教學語言（MOI）證明信，筆者十分建議大家還在香港的時候先向大學索取此證明信。 *[詳見本書章節《2.2 為永居作準備：大學學歷滿足英語能力要求》]*

5. 處理香港電話號碼

出發英國後,保留原有香港電話號碼 1-3 年,以便在英國接收香港銀行或其他網上服務發出的短訊驗證碼。轉用攜號轉台的儲值卡比繼續使用月費計劃划算,而且可以隨時中止合約。轉台前,必須留意現有合約的到期日,以免得不償失。建議大家盡早部署及選擇適合自己的電訊供應商。*[詳見本書章節《2.3 保留香港號碼:攜號轉台海外接收香港短訊》]*

關鍵時間點 3：
BNO Visa 獲批後，離港前 2-3 個月

☐ 申請 ToR1 免稅入口個人物品

☐ 預訂機票和短期住宿

1. 申請 ToR1 免稅入口個人物品

當 BNO Visa 獲批後，你便可以向英國政府申請 ToR1，即免稅入口個人物品。ToR1 只需要在網上申請，沒有任何申請費用，14 天內便會收到確認電郵。申請前，你需要準備一份物品清單列明帶到英國的所有物品。*[詳見本書章節《3.1 家當運英國 1：申請 ToR1 免稅入口個人物品》]*

2. 預訂機票和短期住宿

BNO Visa 獲批之後，大家應該已經有一個比較確實的出發日期，同時你應該也做了不少資料搜集，決定了理想的落腳地區。這個時候，你便可以預訂機票和酒店 / Airbnb，以確保機位及短期住宿的地方。大家可以利用英國 TopCashback 網站預訂機票、住宿、火車票或租車自駕。TopCashback 是英國最大的現金回贈計劃網站，用戶通過網站購物便可賺取現金回贈。*[詳見本書章節《6.2 網購慳錢攻略：現金回贈網站邊買邊賺》]*

關鍵時間點 4：
離港前 1 個月

☐　辦理離港清稅

☐　申請英國電話卡

☐　準備轉換英國車牌的文件

☐　到民政諮詢中心辦理聲明

1.　辦理離港清稅

根據香港《稅務條例》規定，任何需要繳納稅款的個別人士，如果打算離港超過 1 個月，必須通知稅務局，再由稅務局決定是否需要清繳稅款（清稅）。當你辭職的時候，你需要向僱主索取填妥好的 IR56G 表格副本。取得 IR56G 表格副本後，便可以親身前往灣仔稅務大樓辦理離港清稅。清稅後，你會收到同意釋款書，盡快把同意釋款書交給僱主，那麼你最後一期的薪金便會如期發放，否則便會被僱主扣起薪金最多 1 個月。 *[詳見本書章節《4.1 告別綠色炸彈：一日內辦妥離港清稅手續》]*

2. 申請英國電話卡

一抵達英國，我們便很可能需要馬上使用電話或上網服務，例如召喚的士／Uber、在 Google Map 查找住宿位置或使用通訊軟件與香港親友報平安。在出發前，先申請英國 giffgaff 電話卡，便不用使用昂貴的漫遊服務。此電話卡可免費在香港申請，而且無須簽約，當在英國定居後，可以隨時因應身處的地區轉換其他電訊供應商。 *[詳見本書章節《4.2 申請英國號碼：在香港免費領取英國電話卡》]*

3. 準備轉換英國車牌的文件

在香港考取私家車、輕型貨車或電單車駕駛執照的人士，在英國可以免考試轉換成英國駕駛執照。當你在英國有長期居住地址後，便可以提交 D1 表格連同香港駕駛執照向 Driver and Vehicle Licensing Agency (DVLA) 申請換牌。若申請時，同時附上「駕駛執照細節證明」，你便可以把香港的牌齡帶到英國。「駕駛執照細節證明」可以在出發英國前，到運輸處申請，你亦可以一併申請「國際駕駛許可證」，以便於抵英初期租車自駕時使用。 *[詳見本書章節《4.3 換英國車牌 1：出發前準備轉換英國駕照文件》及 《7.2 換英國車牌 2：免考試轉換英國駕駛執照》]*

4. 民政諮詢中心辦理聲明

雖然積金局指強積金計劃成員不能依賴 BNO 護照或其相關的簽證提早領取強積金。但建議如果離港前有時間也去一趟民政諮詢中心辦理「基於永久性地離開香港的理由而申索強積金累算權益的法定聲明」，以備不時之需。

第一章
申請BNO Visa前2個月/離港前6個月

1.1 申請簽證必須：
進行結核病測試

所有香港居民，如果需要申請逗留在英國 6 個月或以上的簽證，包括 BNO Visa、留學簽證及其他移民簽證，均需要在指定診所進行結核病測試（Tuberculosis Test，俗稱：TB Test）。

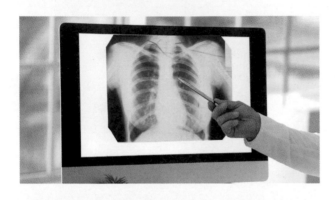

11 歲或以上人士需要進行肺部 X 光檢查以證明沒有感染結核病，並需要填寫健康調查問卷及進行醫生診症。至於 11 歲以下的幼童可以免除進行 X 光檢查，只需要填寫健康調查問卷及進行醫生診症。而所有 16 歲以下的未成年人士，都必須由家長或監護人陪同下前往診所進行 TB Test。

如果你是孕婦，你可以選擇：進行 X 光檢查時加上防護屏蔽，或進行痰液測試代替 X 光檢查。痰液測試的化驗結果需要約八週處理，相較 X 光檢查結果只需約一星期，所需時間較長。另外，孕婦亦可以申請延期，直到胎兒出生後再測試。

直至 2022 年 7 月 1 日，香港有 5 間醫療集團，合共 11 間診所是英國內政部核准的結核病測試診所。基本上，5 間醫療集團所提供的服務內容都是一樣的。選擇哪一間診所視乎哪一間的地點及營業時間對你而言比較方便。

以下圖表比較 5 間醫療集團的價錢、地點、預約方式及周六周日的營業時間（若在周六和周日檢查便不需要向公司告假）。另外，有幾點需要注意：1. 進行結核病測試必須預約，一般不接受沒有預約的客人；2. 在公眾假期，大部分診所都不會提供結核病測試服務；3. 下表的收費，並不包括孕婦，孕婦的收費取決於測試方式，請向相關診所了解詳情。

	港安醫院 Adventist 港 Health 安 Hong Kong Adventist Hospital Stubbs Road	養和醫院家庭醫學及基層醫療中心 HKSH Healthcare 養和醫健	明德國際醫院 matilda International Hospital 明德國際醫院	聯合醫務保健中心 ump 聯合醫務	卓健醫療 Quality HealthCare
價錢	HK$1210 （👶 HK$850）	HK$1500 （👶 HK$1000）	HK$1200 （👶 HK$600）	HK$1150 （👶 HK$600）	HK$1080 （👶 HK$540）
診所地點	跑馬地	跑馬地、筲箕灣	山頂	中環、尖沙咀、佐敦	金鐘、灣仔、旺角、青衣
預約方式	電話/電郵	網上系統	網上系統	電話/電郵/網上系統	電話/網上系統
周六營業時間	✘不營業	筲箕灣：全日營業 跑馬地：上午營業	上午營業	上午營業	青衣：全日營業 其他：上午營業
周日營業時間	全日營業	✘不營業	上午營業	✘不營業	青衣：全日營業 其他：✘不營業

👶 11歲以下幼童　　　　　　　　　　　　　　　　* 資訊更新至2022年7月1日

進行 TB Test 當日，你需要帶備所需文件。每間診所的要求不同，出發前請一定要問清楚診所。一般而言，你需要準備以下文件：

一、你申請簽證時所使用的護照正本
二、香港身份證正本
三、三個月內的白色背景證件相

至於 18 歲以下申請人，需要額外攜帶出世紙正本及父母或合法監護人的身份證正本。以上文件有部分診所可能會要求同時提交影印本。

移英生活說明書

一般而言，進行 TB Test 流程大致如下（不同診所可能略有不同）：
首先，到登記處登記及提交文件。之後需要填寫個人資料表格及一份簡單的健康調查問卷。填寫個人資料時會要求提供英國地址，如你未有英國地址可以填寫「N/A」（不適用）。填妥後，把表格及問卷交回登記處，開始等候。

當醫務人員呼喚你的名字，你便可以進入 X 光室。這時，男士需要脫掉上衣，而女士則會到更衣室脫掉上衣，並穿上診所提供的袍。因此建議進行 TB Test 當日穿上方便穿脫的衣服。隨後，你便可聽從指示進行肺部 X 光檢查。由於 X 光檢查只會進行一次，如果有任何問題便需要擇日重新檢查，所以一定要聽清楚醫務人員的指示。X 光檢查完成後，你可以穿回你的衣服繼續在診所等候。

當呼喚你的名字進入診症室，醫生會詢問有關你的家族結核病史等問題，及進行肺部聽診。離開診症室後，把醫生給你的文件交到登記處及付款便完成。

一般整個流程需要大約兩小時，如當日預約人數較多，所需時間便會更長。另外，如果女士希望由女醫生進行檢查，便需要在預約時向診所提出。

若你的肺部 X 光檢查正常，一星期內便會收到通知，可以前往診所領取結核病測試證書。領取證書必須親身帶同身份證領取。除非未成年，否則不可以授權任何人代領。結核病測試證書有效期為 6 個月。如果你是長期和結核病人共處封閉環境或有染病的家庭成員，你的證書有效期只有 3 個月。所以你需要預計好申證簽證時間，從而決定預約在何時進行 TB Test。

如果測試結果未能確定，診所一般會請你再進行一次 X 光檢查，並會再次收取 X 光檢查的費用。重做 X 光檢查的費用每間診所不同，筆者的一位朋友試過要再花港幣 300 元重做一次。雖然不是大數目，但當中要花去半日前往診所，又要承受多一次 X 光副射，再加上等報告的時間，還要擔心自己可能染病的煎熬。因此，在進行 X 光檢查的時候必須要聽清楚指示，包括：把「心口」放在什麼位置、X 光檢查的姿勢以及什麼時候吸氣和呼氣。

如果 X 光檢查顯示你有可能染有結核病，你需要接受痰液測試，化驗結果可能需要長達兩個月。如果你不幸真的被診斷感染結核病，將不會獲發結核病測試證書。醫生會提供治療的建議及轉介信。結核病的治療期可能長達六個月，直到結核病痊癒，你才可以申請英國簽證。

根據英國官方的指引，你必需在申請簽證時提交結核病測試證書。而當你入境英國時，亦應該隨身攜帶測試證書（或影印本）。

1.2 資金先移英1：
開立英國匯豐離岸戶口

對於將會移民英國或想開立離岸戶口的朋友，可以在香港先申請英國的銀行戶口，慢慢把資金轉移到英國。如果你未有英國的收信地址，就只可以申請在香港和英國均有分行的英國銀行戶口，即匯豐銀行或東亞銀行。英國匯豐是英國四大銀行之一，分行網絡偏布全英國，相較東亞銀行在英國只有三間分行，在英國管理資金，使用匯豐銀行會相對方便。大家可以根據自己的需要及對銀行的信任程度，考慮選擇使用哪一間銀行。 而本篇主要跟大家分享在香港開立英國匯豐銀行戶口的程序。

過往，要在香港申請英國匯豐銀行戶口，必須先致電匯豐國際銀行業務部預約，及後前往總行辦理。由於申請人數眾多，預約時間需要兩至三個月。

在 2020 年開始，匯豐銀行客戶可以通過網上辦理開立海外戶口。雖然你仍然可以預約到總行開立海外戶口，但筆者較為建議在網上申請。除了基於預約時間的考慮外，還有一個最大的原因就是網上申請可免收服務費。到總行開立海外戶口，除非你是尚玉或卓越理財的客戶，否則，HSBC One 客戶會被收取港幣 800 元，而個人綜合戶口客戶就會被收取港幣 1,600 元。

在網上開立滙豐海外戶口，你必須是滙豐香港的客戶。由於尚玉、卓越理財和 HSBC One 客戶可以免費使用滙豐環球轉賬服務，通過網上銀行管理香港和英國兩地的資金。所以建議打算開立英國匯豐戶口而非滙豐香港客戶，或正在使用匯豐個人綜合戶口的朋友，可以先申請或升級至 HSBC One 戶口，費用全免。以下為網上開立英國匯豐銀行戶口的步驟：

首先進入開立英國匯豐銀行戶口的網站：https://hsbc.com.hk/touk。

頁面上簡介了申請方法、需要準備的資料及申請資格。通過網上開立海外戶口，只可以申請個人戶口。如你需要申請聯名戶口，則只可以預約到總行辦理。閱畢此頁面後，便可以點擊「開始申請」。

進入新頁面，你需要登入你的匯豐網上理財。登入後，便正式進入申請程序。首先，你需要閱讀有關資料私隱、跨國聲明以及資料分享的條款，如果同意相關條款，就可以在頁面最下方剔選「我已細閱並同意以上聲明」，及後點擊「同意並繼續」。

下一頁開始填寫你的個人資料。由於你是匯豐客戶，一些基本資料已經自動填妥，你只需要輸入一些額外的補充資料，例如：電話號碼、是否更改過姓名、出生地區、婚姻狀況及供養子女數目。填寫完成便可以按「繼續」。

接著要提供你的地址。系統已經自動填妥你的地址資料，你不需要再填寫，只需要選擇「住宅狀況」及輸入何時開始入住這個地址。如果你希望匯豐把有關海外戶口的信件寄到現居地址，便可以選擇「寄往我的現居地址」，否則你可以選擇「寄往另一地址」，然後輸入相關地址的資料。填妥後，按下「繼續」。

下一頁填寫財務資料。首先選擇你的「就業狀況」及填寫相關資料。以選擇「全職」為例,你便需要選擇你的職位及填寫僱主的資料,包括公司名稱、公司業務、任職日期,以及公司地址。下一項「收入」,請注意是填寫以英鎊計算的全年總收入。

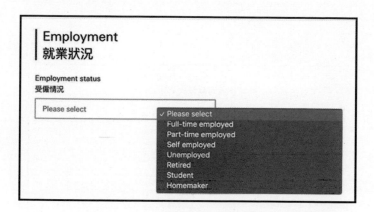

接著是「稅務居住地」。你需要選擇你是否香港稅務居民,若是,便需要填寫稅務編號,即你的香港身份證號碼,但不需要輸入括號。假設你的身份證號碼是 A123456(7),你只需要輸入「A1234567」便可。最後選擇你是否在香港以外有稅務居民身份。填妥此頁後,按下「繼續」。

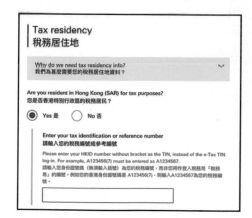

移英生活説明書

在這部分，銀行需要了解你使用戶口的用途以及資金來源。首先選擇開立戶口的主要原因（如：「我準備到英國工作」、「我打算在英國置業」等）、選擇開立戶口主要目的（如：「薪金及日常銀行支出」、「用作儲蓄及投資」等）及回答「你是否於其他國家 / 地區持有銀行信用卡？」。下一項選擇「持續資金來源」（如「僱主支付薪金」、「我名下其他非匯豐賬戶轉賬」、「在其他金融機構的個人儲蓄」等）。

What's your main reason for wanting to bank with HSBC UK?
您希望在英國滙豐開立賬戶的主要原因是?

- I'm moving to the UK to work
  我準備到英國工作
- I'm moving to the UK to study
  我準備到英國讀書
- I plan to save in the UK
  我打算在英國儲蓄
- I plan to buy a property in the UK
  我打算在英國置業
- I'm a British national returning to live in the UK
  我是一名英國人並準備返回英國生活
- I travel regularly to the UK to work
  我經常到英國工作
- I travel regularly to the UK for vacation
  我經常到英國渡假
- I have regular financial commitments in the UK
  我在英國有定期的財政承擔需支付
- Other
  其他

Ongoing funding
持續資金來源

Where do you expect your regular / monthly account funds to come from?
您預期賬戶定期 / 每月收取的資金來自

- Salary from my employer
  僱主支付薪金
- Transfer from my non HSBC accounts
  我名下其他非滙豐賬戶的轉賬
- Transfer from a 3rd party non HSBC account
  其他第三方非滙豐賬戶的轉賬
- Income from pension / social security benefits
  退休金 / 社會保障
- Cash from employer / wages / gratuities
  僱主給予的現金 / 工資 / 酬金
- Personal cash savings held within another financial institution
  在其他金融機構的個人儲蓄
- Personal cash savings held outside of a financial institution
  在非金融機構的個人儲蓄
- Cash received from gift / sale of personal goods
  售賣禮品或個人物品所得的現金
- Cash from another source
  其他來源的現金

然後選擇「你首次存款的資金來源」、選擇「資金來源的國家／地區」及填寫「你預期的首次存款金額」。下一題是回答「除了薪金、租金、股息以外，還會否有其他人每星期或每月存錢入你戶口？」。最後是選擇「你希望把扣賬卡（Debit Card）和密碼（PIN）寄到哪裡」及選擇「你希望以什麼方式收到英國匯豐的產品及服務資料」。填妥此頁後，按下「繼續」。

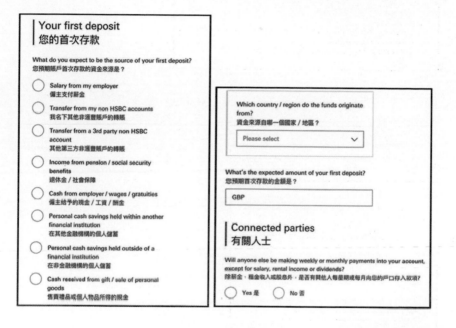

移英生活說明書

下一頁是核對一次你填的資料。如果沒有問題，你就可以按下「繼續」。

最後一步，是同意相關條款。第一項「Account disclosures」，你需要開啟所有 PDF 文件，否則不可以前往下一步。然後你可以剔選 「I have read and accept all account disclosures」。

Account disclosures
Please open and review each disclosure link below before accepting the terms of the disclosures.

Financial Services Compensation Scheme (FSCS)
Opened

Personal Banking Terms and Conditions and Charges
Opened

Notice of Variation to Personal Banking Terms and Conditions and Charges - effective 23rd November 2021
Opened

Notice of Variation to Personal Banking Terms and Conditions and Charges - effective 23rd November 2021
Opened

Account Fee Information Document
Opened

Privacy Notice
Opened

☑ I have read and accept all account disclosures

下一項是「English Language Disclaimer」及「Use of your information」，閱讀完畢後可以剔選「I have read and agree to how you will use my information」，最後一項是「Consent to submit」。閱讀後，剔選你的名字和日期旁邊的方格，表示你簽署這一份申請表格，按下「Agree and submit」提交申請，便完成申請程序。你可以記下參考編號，方便日後查詢申請情況之用。

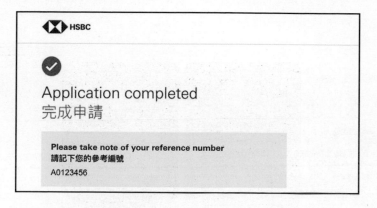

申請審批大約需要 14 天。如果你的申請有問題，匯豐銀行可能要求你前往總行補交資料。若你的申請獲批，14 天內便會收到電子郵件通知，並在隨後的一個月內收到你的扣賬卡（Debit Card）及密碼（PIN）。

英國匯豐的 Debit Card 附有 Contactless（非接觸式）的功能，在英國只要你的消費低於 45 英鎊，便可以拍卡的方式支付。不過使用英國匯豐的 Debit Card 付款很多時需要額外輸入 PIN，而 PIN 可以在英國匯豐的自動櫃員機更改。

收到 Debit Card 後，你需要致電到英國匯豐銀行啟動 Debit Card。你可以致電香港匯豐國際銀行業務部（香港電話：2233 3888），要求對方轉駁至英國匯豐銀行，這樣可節省長途電話費用。轉駁完成後，你可以跟職員表示你希望「activate debit card」（啟動 Debit Card），若你會開立英國匯豐的網上銀行，可跟職員表示「activate debit card and set up telephone security number」（啟動 Debit Card 及設定電話保安密碼），這是因為設立網上銀行需要輸入電話保安密碼。根據職員指示回答相關問題，便完成啟動 Debit Card 的程序。

1.3 資金先移英2：登記英國匯豐網上銀行

上一章已分享了如何在網上申請英國匯豐銀行離岸戶口，以及啟動英國匯豐扣賬卡（Debit Card）的方法和步驟。而開立了英國匯豐銀行離岸戶口後，如何設立網上銀行（Online Banking）？如何為英國匯豐銀行增設外幣（港元）戶口？以及如何把英國匯豐賬戶連結至香港賬戶。本文會和大家分享詳細步驟。

要為英國匯豐銀行戶口設立 Online Banking，你必須要先設定電話保安密碼（Telephone Security Number，TSN）。上一章已分享了你可以在致電英國匯豐銀行啟動 Debit Card 的同時設定 TSN。

設定 TSN 後，便可以前往英國匯豐銀行網站開立 Online Banking，網址是：https://www.hsbc.co.uk/register。進入頁面點擊「Register now」的紅色按鈕。

首先你需要閱讀和同意相關「Terms and Conditions」，之後第二步是「Verify your identity」（身份識別），選擇「Sort code and account number」作為身份識別。填寫你的 Sort Code、Account Number、Date of birth 以及 TSN。其後，系統會以短訊形式發送驗證碼，填上驗證碼後，便完成身份識別步驟。

第三步「Create security details」，即設定你網上銀行的 Username 及 Password。

往後的步驟，大家需要在手提電話下載英國匯豐銀行的應用程式（HSBC UK App）進行，在 App 上填寫你剛才設定的 Username 及 Password 後，系統會以短訊形式發送驗證碼。填上驗證碼後，下一步你需要設定 6 位字元的「Digital Secure Key PIN」（電子保安密碼），這是用作登入 App 的密碼。這樣就完成開立英國匯豐網上銀行。

1.輸入username

2.輸入password

3.輸入驗證碼

4.設定 Digital Secure Key

這時，你便可以嘗試登入英國匯豐的網上銀行。首先輸入你的
Username，下一步是利用 HSBC UK App 生成 Logon Security Code，
把 Logon Security Code 輸入在頁面上，最後點擊「Log on」，便登入
到你的網上銀行頁面。

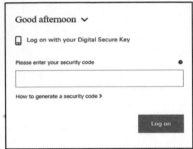

如果需要為你的英國匯豐戶口加入其他外幣戶口（例如港元戶口），你
可以在頂部目錄的「Our products」選擇「HSBC Currency Account」。
進入新頁面後，點擊「Log on to apply」。

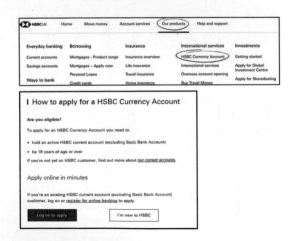

進入「Apply for an HSBC Currency Account」頁面，其中「Contact details」、「Personal details」及「Employment details」，會自動擷取你申請英國匯豐銀行戶口時所填寫的資料。你需要填寫的只有「Financial details」。填妥後，選擇新增的外幣戶口及外幣戶口的用途，及後點擊「Continue」。

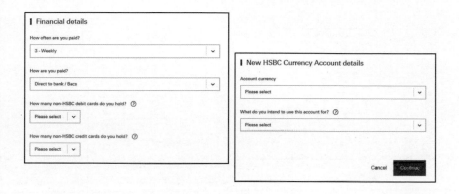

下一頁你需要核實剛才填寫的資料及同意相關 Terms and Conditions。如沒有問題的話，便可以剔選「I agree to the Terms and Conditions and have read the UK FSCS Information Sheet and Exclusion List」的方格，然後點擊「Submit」便完成。兩個工作天後，你便可以在此外幣戶口傳送或接收資金。

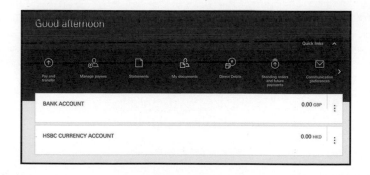

最後和大家分享如何把英國匯豐賬戶連結至香港賬戶，方便管理兩地資金。大家登入香港的匯豐網上銀行後，在頂部目錄的「我的銀行」 選擇「新增 / 刪除國家或地區」，然後在香港的 HSBC App 生成保安編碼並把保安編碼填在頁面空格內，填完後點擊「繼續」，進入新頁面後，「新增另一國家 / 地區」選擇「英國」後剔選「我已閱讀並接受匯豐環球賬戶服務的條款及細則。」的方格，點擊「繼續」。

系統彈出一個新視窗，表示會進入英國匯豐網上銀行。進入英國匯豐網上銀行後，會看見 Terms and Conditions。閱畢後，點擊「I have read and accept the Terms & Conditions」的方格，然後點擊「Link Profile」便完成。當你使用香港的匯豐網上銀行，便可以在同一頁面看見香港及英國的賬戶。

1.4 平價換英鎊1：
開立IB戶口零差價換外幣

盈透證券（Interactive Brokers，簡稱 IB）是投資交易平台。利用 IB 兌換外幣，一般會較在銀行或找換店兌換划算，因為 IB 的匯率是緊貼市場的外匯價格，而不像銀行或找換店般，透過匯率差價圖利。網上有人計算過：如果把 100 萬港幣兌換成英鎊，視乎當時的匯率，利用 IB 兌換相較銀行可以節省約 6,000 至 10,000 港元。IB 除了可以兌換外幣，也可以買賣股票、債券、期貨等等。決定開 IB 戶口前，建議先多做功課，評估一下使用 IB 還是在銀行兌換外幣比較適合自己。本篇主要跟大家分享開立 IB 戶口的步驟。

首先進入 IB 的網站：https://www.interactivebrokers.com.hk。點擊右上角的「Open Account」紅色按鈕，然後選擇「Start Application」。

進入新頁面，在頁面的右上角可以轉換顯示語言，如有需要，可以轉換成繁體中文。在頁面上輸入電郵地址、自訂用戶名稱及密碼。輸入這些資料後，便可以點擊「開設賬戶」。

系統會發出一封電子郵件到你的電郵信箱，以驗證你的電郵地址。開啟此電郵，點擊「驗證賬戶」。在新視窗，你需要重新輸入剛才自訂的用戶名稱及密碼，繼續申請 IB 戶口程序。

登入賬戶後，你需要選擇你所申請的戶口類型。你可以在「個人經紀賬戶」選擇申請「個人」或「聯名」賬戶。至於「輸入語言」一項，你可以選擇以什麼語言填寫此網上申請表格。如果你想以中文填寫，便可以選擇「繁體中文」，這個選項是不可以再更改的，但這個選項只會影響你填寫此申請表格，日後管理賬戶的賬戶介面是可以隨時更改語言。填妥後點擊「開始申請」。

下一步填寫個人資料，包括：姓名、稱謂、地址、電話號碼、出生日期、婚姻狀況、供養人數及納稅識別號（Tax Identification Number）。在地址一欄，IB 預設了香港的郵政編號（Postal Code）為 999077，大家可以不需理會，繼續使用這個預設的 Postal Code。至於納稅識別號，只需要填寫你的香港身份證號碼。

填寫完個人資料後，便需要填寫身份證明。你可以選擇以身份證或護照作為身份證明，這裡要謹記填寫身份證明文件號碼的時候，一定要依足所有號碼、大細楷以及符號。以香港身份證為例，前面英文字母是大楷，你必須要填寫大楷，括號及數字也需要填寫，如果用護照申請，做法也是一樣。

接下來是關於你的就業情況。若選擇「受僱」，便需要填寫公司名稱、公司地址、公司業務及職業。

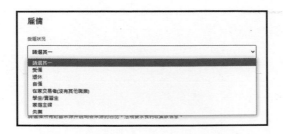

下一項是申報你的財富來源。按照實際情況，調整財富來源的百分比。假設你只有受僱收入，便可以在「工作收入」填寫100%。若你還有其他收入，例如：利息/股息、配偶收入、房地產、律貼等等，便可以按實際百分比標示。

最後選擇賬戶的基礎貨幣及設立安全問題。不論選擇哪種基礎貨幣，你在 IB 上都能夠兌換不同外幣，不會有任何限制。如果你主要存入港元到 IB 戶口，這裡建議選擇港幣。

下一頁，你需要先選擇賬戶類型，可以選擇「保證金」（Margin，俗稱「孖展」）或「現金」（Cash）戶口。無論你現在選擇哪一種戶口，以後也可以隨時更改。然後選擇年度淨收入、資產淨值及流動資產淨值的範圍。繼續是選擇投資目標及交易意圖，你可以選擇：資金保值及創收、增長、對沖或從活躍交易和投機中盈利。

賬戶類型

現金
保證金

收入和資產值 ❷

請在下面提供財務信息，我公司合規部門將通過這些信息確定您是否有資格交易現在或將來所選的投資產品。

Annual Net Income (HKD)	請選擇
Net Worth (HKD)	請選擇
Liquid Net Worth (HKD)	請選擇

Investment Objectives & Intended Purpose of Trading ❷

您在下方的選擇將決定您能夠獲批交易的投資產品。請勾選所有適用選項。

☐ 資本保值及創收
☐ 增長
☐ 對沖
☐ 從活躍交易和投機中盈利

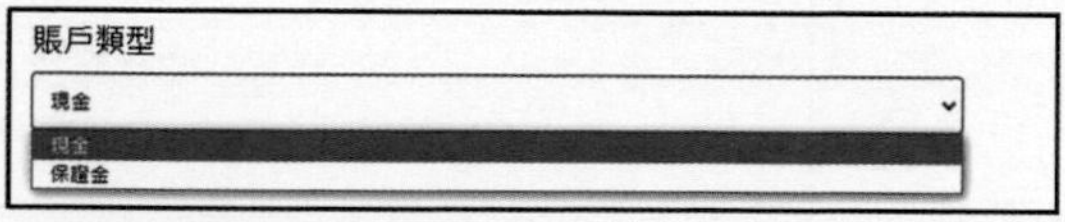

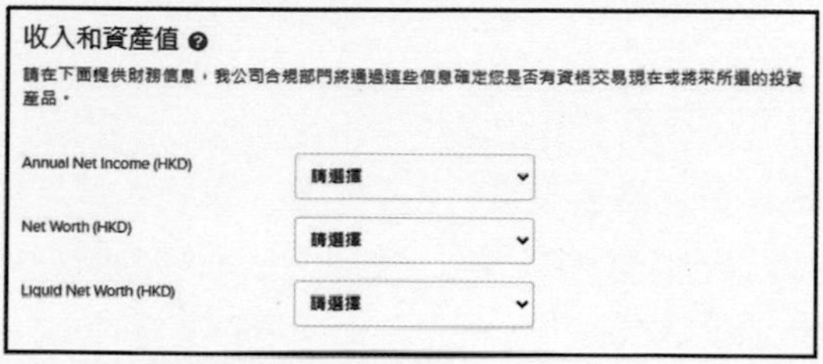

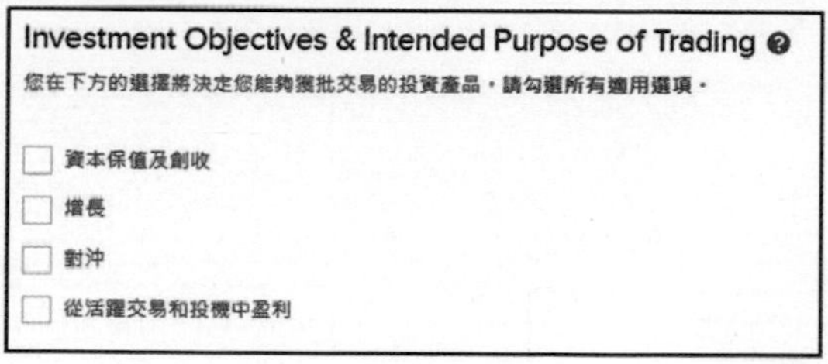

接著填寫投資經驗及投資知識，包括股票及期權的投資經驗、每年有多少相關投資，以及對投資產品知識水平。填妥後，IB 會根據你填寫資料給予你交易許可，你可以按你需要增加交易許可的產品及市場。

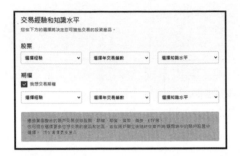

然後是「規管信息」，申報你是否任何上市公司的董事、決策人或者擁有股權 10% 或以上的股東。下一項「賬戶附加功能」，系統自動剔選了參與股票收益增強計劃（Stock Yield Enhancement Program）。這計劃是把你的股票借貸給其他 IB 客戶，從而賺取利息，比較適合長線投資者及豐富經驗的投資者。如果你不想參與，便取消剔選「參與」方格。此頁最後一題「從何處得知 IB」，選擇答案後便可以點擊「繼續」。

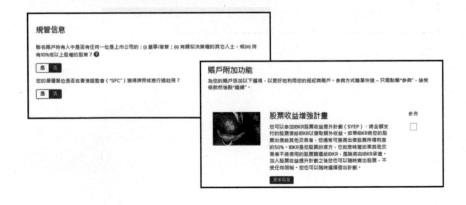

下一步，確認你所填寫的資料。請剔選「我不能享受美國稅務協定優惠」（一般香港稅務居民不享有美國稅務優惠）。頁面最下方，需要簽署，你只需要輸入全名便可。點擊「繼續」。

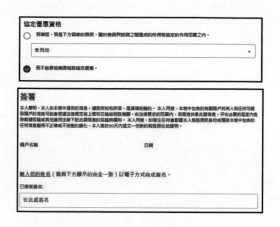

最後，閱讀「協議及披露」及簽署提交申請。在這一頁面，你會看到你的「賬戶號碼」（Account ID），大家需要記下你的「賬戶號碼」。閱畢所有「協議及披露」的細節後，在頁面最下方簽署，同樣地，你只需要輸入全名便可。點擊「繼續」。

此時，頁面顯示你還有四個步驟才可開始使用你的賬戶，包括：「創建存款通知」、「確認手機號碼」、「簽名驗證」及「提交含照片的身份證明文件」。建議先進行「確認手機號碼」步驟。系統會發送一個驗證碼短訊到你的手提電話，你只要把驗證碼填在空格內便完成驗證。

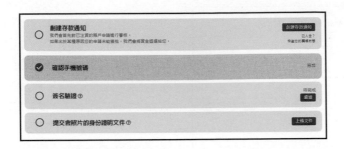

第二步，進行「簽名驗證」步驟。這裡有四種「簽名驗證方式」可選擇：

選項1： 到訪 IB 的香港辦公室辦理

選項2： 向 IB 郵寄經專業人士認證的身份證明文件副本及香港《確認書》

選項3： 向 IB 郵寄身份證明文件副本和香港《確認書》，以及由申請人名下的香港銀行賬戶簽發的、不少於 1 萬的支票

選項4： 將申請人的 IB 賬戶與香港銀行賬戶關聯

其中，「選項1」是前往 IB 位於金鐘或觀塘的辦事處進行簽名驗證，如果你需要把港幣、美金或人民幣以外的貨幣，從 IB 取出至其他銀行，便需要到 IB 的辦事處做簽名驗證。簽名驗證的過程非常簡單，只要在接待處提供 IB account ID 以及身份證，簽署後就完成，整個過程不超過 5 分鐘。

但筆者建議開立 IB 戶口時，先以「選項 4」作為「簽名驗證方式」。「選項 4」是最快開立 IB 戶口的方法。如你希望從 IB 取出港幣、美金或人民幣以外的貨幣至其他銀行，你可以先開立 IB 戶口後，日後補辦「選項 1」的「簽名驗證方式」（下一篇會提及詳細步驟）。

選擇「選項 4」作為「簽名驗證方式」後，點擊「連接你的香港銀行賬戶」。在新頁面，輸入銀行戶口的資料及存款金額，填妥後點擊「獲取指令」。

我將通過以下銀行/機構發出存款：		
銀行所在國家	中國香港特別行政區	
您的銀行	請選擇	
銀行賬戶	銀行代碼 ### / 分行代碼 ### / 賬戶號碼 必填	
為您要保存的存取教指令命名（如：123abc）	必填（5-25個字符）	
我將發送以下金額：		
幣種	港幣（HKD）	
存款金額（最低：10,000.00）	必填	

隨後根據指示，利用轉數快（FPS）或網上銀行（Online Banking）存入資金到你的 IB 戶口，存入資金之後就完成簽名驗證程序。這裡要提醒大家，不論你用 FPS 還是 Online Banking，記得要在備註（Remarks）填上你的 IB account ID。

當你完成「選項 4」作為「簽名驗證」後，由於你把資金存入了 IB 戶口，所以你同時已經完成了「創建存款通知」的步驟。

最後一步就是「提交含照片的身份證明文件」。謹記如果你申請的時候是填寫護照作為身份證明，你需要上載你有效的護照，而如果是填寫身份證作為身份證明則上載身份證。完成這步驟，等待 IB 審批你提交的資料，便完成整個 IB 開戶程序。

1.5 平價換英鎊 2：
將 IB 外幣匯出至離岸戶口

上一篇文章詳述了開立 IB 戶口的過程，這次會繼續述說在 IB 平台兌換外幣後，匯出至海外離岸戶口的具體操作。不少人申請 IB 戶口後才發現，雖然平台可以兌換多種不同貨幣，但當匯款到銀行戶口時，只可以選擇港幣、美金或人民幣。怎樣才可以把其他外幣從 IB 匯出？

正如前文所述，開立 IB 戶口時，其中一項要求是簽名驗證（Signature Verification），如果你選擇「選項 1：訪問我們的香港辦公室辦理」，並前往 IB 位於金鐘或觀塘的辦事處完成簽名驗證手續，你便能在平台匯出不同外幣。

若你開戶時，沒有以「選項 1」作為簽名驗證，則需要登入 IB 平台，在「轉賬與支付」中選擇「轉賬資金」，及後選擇「取款」，頁面中會見到「更改簽名驗證方法」按鈕，點擊按鈕及選擇「選項 1: 訪問我們的香港辦公室」。

然後，在辦公時間前往 IB 位於金鐘或觀塘的辦事處即可，整個簽名驗
證過程只需要在接待處進行。到達 IB 的辦公室後，跟接待處職員表示
是來辦理簽名驗證，並提供香港身份證及 IB 賬戶號碼（即 U 字為首的
號碼），簽名後便辦理完成，整個過程不超過 5 分鐘。大約一個工作天
後，你便可以在 IB 平台上匯出多種不同貨幣。

IB 香港辦公室地址：
金鐘皇后道太古廣場 2 期 1512 室 /
觀塘巧明街 100 號友邦九龍大樓 3204-05 室
電話：2156 7907
辦公時間：8:00-18:00，周六日及公眾假期休息

當可以從 IB 匯出外幣後，下一步是將在 IB 中兌換的英鎊匯出到海外戶
口。在「轉賬與支付」中選擇「轉賬資金」，及後選擇「取款」。選擇
「英鎊」作為「你想取款的幣種」。選擇「銀行電匯」後，這裡有兩個
方法可以把外幣轉到海外銀行戶口：

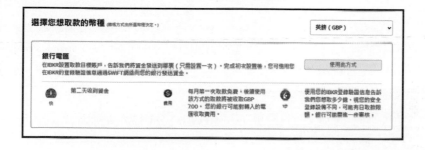

移英生活說明書

方法一：直接把 IB 戶口的外幣電匯到海外銀行戶口

選擇「銀行電匯」後，「銀行所在國家」選擇「英國」，並填寫海外銀行的資料就完成。其中 IBAN，你可以在你海外銀行戶口的月結單上找到。

方法二：先把外幣匯到本地銀行的外幣戶口，再通過網上銀行轉到同一銀行的海外戶口

選擇「銀行電匯」後，銀行所在地選擇「香港」，填寫銀行賬戶號碼後，點擊「點此找到您的銀行」按鈕，你需要填寫代理銀行的資料，包括：SWIFT/BIC 代碼及代理銀行的賬戶號碼，這些資料可以向你的銀行查詢。

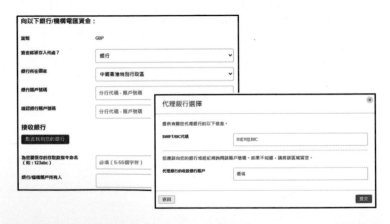

下面是香港匯豐銀行收取英鎊的資料以作參考。當外幣匯至你本地銀行的英鎊戶口，你便可以在網上銀行把錢轉到你外地的銀行戶口。

英鎊 (GBP)
HSBC Bank plc, London
SWIFT: MIDLGB22
英鎊戶口號碼：35168943
IBAN: GB56 MIDL 4005 1535 1689 43

使用方法二，需要同時符合以下 3 點：

1. 你的本地銀行戶口和海外銀行戶口是同一間銀行。
2. 你的本地銀行戶口有你所兌換外幣的外幣戶口。
3. 可以透過網上銀行將本地戶口的錢轉到海外戶口，並且沒有收費。

如果你同時擁有香港匯豐銀行戶口及英國匯豐銀行戶口，便可以使用方法二。

以下是使用方法一和方法二的費用和所需時間。

費用：

不論使用方法一或方法二，在 IB 上，每次兌換外幣會收取 0.00002% 佣金（最少收取 2 美金）。另外，從 IB 戶口匯款到銀行，IB 會收「取款費用」。而 IB 每月會免收一次「取款費用」。以英鎊為例，每月第一次匯款，可免收「取款費用」，其後每次匯款，IB 會收取 7 英鎊，不同取款外幣有不同收費，詳情可以瀏覽 IB 的網站。

移英生活説明書

使用方法一，有部分英國銀行會收取電匯費用。即使 IB 實際上是以
CITIBANK UK 把英鎊轉到英國銀行。但仍有部分銀行，視為海外電匯
（包括英國匯豐銀行），收取電匯費用。所以，英國匯豐銀行用戶建議
使用方法二，節省這筆電匯費用。而其他英國銀行可直接用方法一。

方法一：直接把IB戶口的外幣電匯到海外銀行戶口

兌匯外幣佣金(每次)：　　IB每月免收　　　　電匯費用(每次)：
0.00002%佣金　　　　一次取款費用，　　大部分英國銀行不涉及電匯費用，
(最少US$ 2)　　　　　其後每次收取£7　　但英國匯豐銀行會收取£5

方法二：把外幣匯到本地銀行外幣戶口，再通過網上銀行轉到同一銀行的海外戶口

網上銀行

兌匯外幣佣金(每次)：　　IB每月免收
0.00002%佣金　　　　一次取款費用，
(最少US$ 2)　　　　　其後每次收取£7

＊以上費用只作參考，詳情請向有關平台及銀行查詢

時間：

使用方法一，當你從銀行存入港幣到 IB 戶口，大約需要 3 小時。之後，你可以馬上兌換外幣，或等到適合的匯率兌換，但不論什麼時候兌換，兌換後的資金都需要暫時存放在 IB 戶口 3-4 個工作天。到了可取款日期，你便可以匯錢到你的海外銀行戶口，大約 3-5 小時，你海外的戶口就會收到 IB 匯出的英鎊。

使用方法二，同樣當你從銀行存入港幣到 IB 戶口，大約需要 3 小時。兌換外幣後，需要等 3-4 個工作天才可取款。到了可取款日期，你便可以匯款到你本地銀行的外幣戶口，大約 3 小時，本地銀行的外幣戶口便會收到你 IB 匯出的外幣。這時，你便可以透過網上銀行把錢即時轉賬到同一銀行的海外戶口。

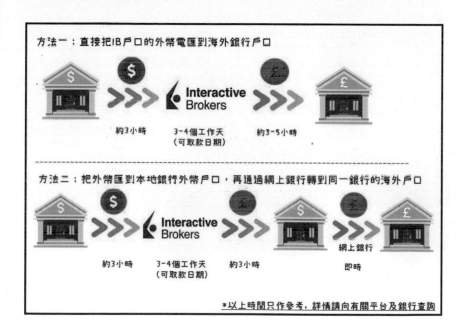

1.6 搵英國落腳點：
最齊英國地區資訊網站

經常在網絡上聽到：「英國某某區是好區，某某區不是好區。」但其實英國和香港一樣，即使是同一區，相隔一條街已經大不同，就像深水埗區也有四小龍一樣。香港人如果要在英國定居，由於對英國不熟悉，需要更多及更全面的資訊才可以決定落腳在哪一區。

在英國置業或租屋前，筆者最常會瀏覽兩個網站找尋適合的樓盤，一個是 Rightmove（https://www.rightmove.co.uk），另一個是 Zoopla（https://www.zoopla.co.uk）。不少香港人也會在移英前瀏覽這兩個網站，了解一下心儀地區的樓價或其他資訊。但這些資訊略嫌不夠全面，並不足以評估該地區是否適合自己或家人。

以 Rightmove 為例，你可以尋找到的資訊包括：附近有什麼學校、學校的評級及距離、附近地鐵站的距離、附近單位的銷售紀錄以及上網速度。而另一個搵樓網站 Zoopla，則只有附近的學校、地鐵站的距離、附近單位的銷售紀錄以及能源效益證書。這些尋找樓盤的網站提供的資訊雖然有用，但相對不夠全面，尤其對於香港人而言，對英國並不熟悉，我們需要更多資訊才能夠決定到哪一區落腳。

不少香港人也知道可以透過英國警察的網站，查到社區的治安程度，亦可以在英國政府網站查看學校的評級。但本文將介紹一個網站，你可以一次過查閱你心儀地區的治安環境、學校評級、樓價中位數、社區人口比例、公營房屋比例、設施配套、噪音程度和上網速度等。

這個網站叫做「Xploria」(https://open.xploria.co.uk/app/know-your-place)，網站結合了英國政府及公營機構提供的資訊。以下筆者會以一個例子，示範如何利用這網站查閱資訊。

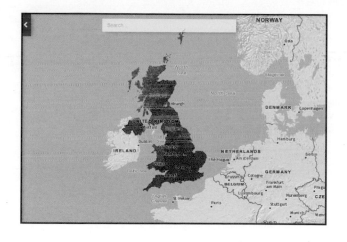

首先你可以利用上文提及的 Rightmove 或 Zoopla 把單位的地址複製到「Xploria」搜尋。利用 Rightmove 或 Zoopla 上的地圖，從而在「Xploria」找出正確的位置。

Rightmove   **Xploria**

當你在「Xploria」輸入地址搜尋之後，你會看到地圖上很多「紅紅綠綠」的色塊，這些顏色均是有意思的。網站的左邊會見到一個黑色控制板，控制板會見到「Theme」，網站預設了是以「Living Standard Rank」（生活水平排名）作為主題，所以地圖上的顏色就代表這一個地區的生活水平，愈深綠色代表該區的生活水平愈高，而愈深紅色則是生活水平愈低。除了生活水平外，你亦可以在「Theme」選擇以地圖顯示罪案率、上網速度、人口階級及樓價升幅。

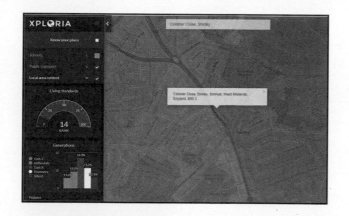

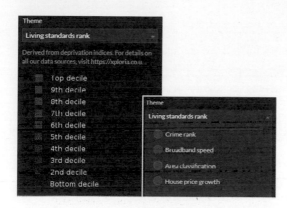

除了地圖上「紅紅綠綠」的色塊外，你可以直接在地圖點擊單位的位置。
網站下面便會彈出一個控制板，裡面有很多資訊可以參考，包括人口比
例、設施、學校、環境、罪案和樓價。

以筆者在 Rightmove 看見一個位於 Solihull 的單位為例，整體而言，可以見到它位處於生活水平低，而且罪案率偏高的區域。上網速度雖然不算特別快，但在英國尚算可以接受。

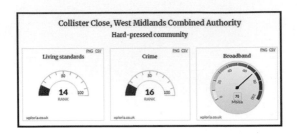

之後查閱社區人口比例，會看到超過一半人口是 GCSE 以上，即至少有會考或更高的學歷。社區就業人士亦是佔大多數，而在「Property Ownership」（物業擁有權）見到多於三分一是「Social Rent」（公營住宅），估計這地區附近可能比較多公屋。你還可以參考「Generations」（人口世代比例）、「Social Grade」（社會階層）和「Living Arrangement」（居住情況）的統計，了解社區人口的組成，從而評估這個社區是否適合自己。

另外，可以查閱附近的設施，如超級市場、公共交通工具網絡及餐廳酒吧等。而圖中的社區為例，附近的超級市場有一間 Tesco，遠一點有 Asda、Aldi 和 Iceland，尚算方便，不過就沒有鐵路站。

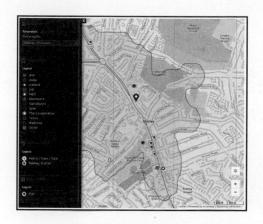

下一項，可以看到附近的學校，這裡有一個表列出學校評級和學校類型等資訊。這個社區附近多數是深藍和淺藍標示的學校，分別表示評級「Outstanding」（傑出）或「Good」（好）的學校，校網尚算不錯。

網站也可以查閱生活環境。下圖左邊看到附近有網球場和小朋友的玩樂空間，也有不少綠化空間。至於右邊可以看到附近噪音污染指數。此單位在有顏色區域，即是有一定程度的噪音污染，估計是因為比較接近公路的緣故。

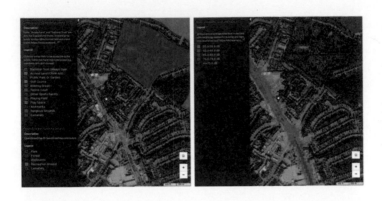

至於罪案方面，我們可以查到方圓一英里範圍內的罪案數字。右邊棒形圖的綠色棒代表當區罪案數字，灰色棒則表示英國平均罪案數字。透過比較兩個顏色便可以知道社區附近的治安情況。圖中看到此社區比起全英國整體而言，比較多入屋盜竊、店舖盜竊、搶劫及汽車罪案。如果住在這裡，便要做好防盜措施，保護自己和財物安全。左邊則顯示各種罪案實際發生的位置，能夠提供更加全面的資料作參考。

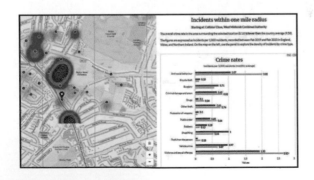

最後可以查閱樓價中位數及附近單位的成交歷史，從而可以評估這區的單位是否值得買入。

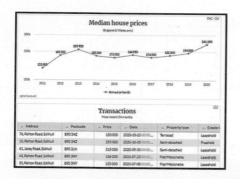

我們時常在網絡上聽到很多人說這個區好，那個區不好，好像筆者選擇這個單位是位於 Solihull，算是中部傳統富人區，但無論生活水平、罪案、人口比例都只屬一般水平，所以不要盡信網上言論，要多做資料搜集，買樓或租樓前一定要到現場實地考察，千萬不要「隔山買牛」！

移英生活說明書

之後筆者再搜尋另一間只是隔數條街之遙,同樣位於 Solihull,同樣是 50 萬英鎊的單位。這個單位(A)和剛才搜尋的單位(B)只是相隔了 1.5 公里,步行 20 分鐘,駕駛只需要 5 分鐘距離。

但這單位(A)所處的區域,不論生活水平或罪案率都比剛才的單位(B)好得多。另外,附近公屋比例亦較少,而且附近亦沒有噪音污染。這個比較可以反映,即使兩個單位位於同一區域,但相隔數條街已經有很大分別,所以買樓或租樓前,一定要做足資料搜集及實地考察!

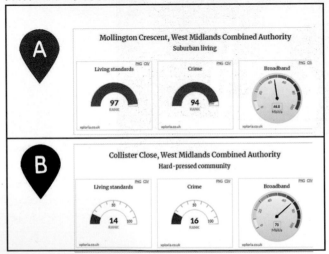

以上的示範可見，「Xploria」這個網站除了可以在移英前作為篩選落腳地的工具，亦都可以在英國買樓或租樓前，了解心儀單位附近的社區情況和設施環境，請大家好好利用這個網站。

最後想談談「Xploria」這個網站的不足之處，就是它缺乏水浸資訊。英國有些地方位處低窪位置或鄰近河流，可能有水浸風險，影響出行和樓宇及汽車的保養維修。關於水浸問題，大家可以瀏覽英國政府的網站 https://flood-map-for-planning.service.gov.uk 查閱相關資訊。

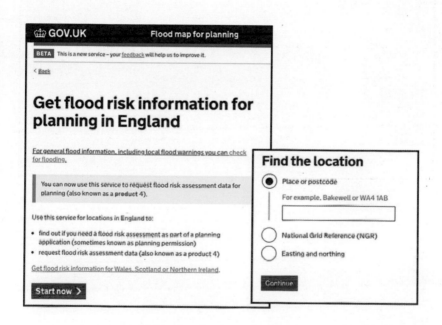

進入該網站後，在「Find the location」，輸入地址，便可看到有關地區是否有水浸問題。以單位（A）為例，便沒有水浸問題。至於有水浸問題的區域，地圖上會以藍色顯示，大家要避免居住在這些地方。

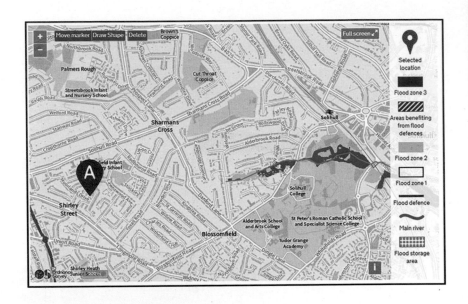

第二章
申請及審批BNO Visa期間/
離港前4個月

2.1 為求職作準備：
香港學歷對應英國同等學歷

在英國求職時，如何向僱主展示你的學歷程度？英國的一間機構 ECCTIS，可以把全球的學歷對應為英國的同等學歷，而且獲得英國教育部（Department for Education）授權。

移民英國前，申請了 ECCTIS 的學歷對應證明（Statement of Comparability）便可以為在英國求職作好準備。除大專或以上的學歷外，ECCTIS 也可以對應英國 GCSE 同等的學歷，即香港中學會考（HKCEE）、香港高級程度會考（HKALE）和香港中學文憑考試（HKDSE）。

ECCTIS，前身為 NARIC，英國脫歐後改名為 ECCTIS，但它的職能並沒有改變。ECCTIS 的其中一個職能是把全球的學歷資格對應成英國的同等學歷，從而方便英國僱主了解求職者實際的學歷水平。如果你的學歷不是在英國考取，但想在英國求職，十分建議你申請 ECCTIS 的學歷對應證明。

通過網上申請，ECCTIS 便會把學歷對應證明寄到你的府上。此學歷對應證明右上角註明是 (1)「on behalf of Department for Education」，即 ECCTIS 是代表英國政府的教育部批出這張證明，是官方認可，在英國具有代表性。另外，學歷互認證明上有申請人的姓名及一組 reference number，這組 reference number 是讓僱主驗證證明的真偽 (2)。就每一個學歷，證明上均會列出資歷名稱、考取年份及頒發機構，而每一個資歷下會有相對應的英國同等學歷資格。(3)

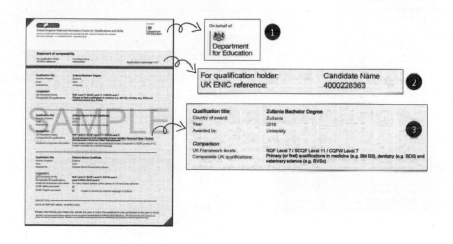

ECCTIS 學歷對應證明申請費用為 45.9 英鎊,另加 VAT(消費稅)及郵寄費用。如果你在香港申請,學歷對應證明會寄到香港的地址,便不需要繳交 VAT。假如你在英國申請,便需要交 VAT。至於運費,如果你在香港申請,有兩種運費可供選擇,分別為 80 英鎊和 10 英鎊。如果在英國申請,則有 3 種運費可以選擇,分別為 2.5 英鎊、5 英鎊及 10 英鎊,價錢的分別主要在於郵遞速度及郵件追蹤服務。

假設你在香港申請 ECCTIS 學歷對應證明,而又選擇最便宜的郵寄方式,即 45.9 英鎊加上 10 英鎊,總共為 55.9 英鎊。這是最便宜申請 ECCTIS 學歷對應證明的費用,折合港幣大約 550 元左右。

另外,ECCTIS 有兩種服務可以選擇,分別為 Standard 和 Fast track。Standard 的意思是整個審核過程需時 10-15 個工作天,這個時間並不包括郵寄時間,如果審核過程需要你提供額外資料,便有機會多於 15 個工作天。

至於 Fast track,則保證 24 小時或 48 小時內完成審核過程,分別收費 174 英鎊及 124 英鎊。但要注意,Fast track 的服務也是不包括郵寄時間。另外,所承諾的時間是指當職員檢查完你上載的文件確認沒有問題後,你需要為 Fast track 付款,付款後才開始計算 24 小時或 48 小時。換言之,實際審核過程的時間必然多於承諾的時間。除非你非常趕急,否則不建議使用 Fast track。如果你一個月內便要出發前往英國,筆者建議你直接在英國申請。如果你真的需要使用 Fast track 服務,那麼申請學歷對應證明的費用便要加上 Fast track 的費用。

申請學歷對應證明前，請先準備好所有學歷的成績表及證書。把這些文件掃描到電腦上，建議使用 JPEG 或 PDF 格式。而申請對應的學歷是沒有上限，不論你對應多少學歷，收費均是相同。除大專或以上的學歷外，建議一併對應 HKCEE、HKALE 或 HKDSE 的成績。

當準備好所有文件後，便可以進入 ECCTIS 的網站（https://www.ecctis.com），點擊「Sign in」，然後選擇「Register」。進入新頁面後選擇「Services for individuals」下的「Register」。

此時，你便可以註冊賬戶，填寫稱謂、姓名、電郵地址、出生日期、國籍、是否難民身份（refugee status）、申請目的、興趣領域及自設密碼。國籍方面你可以選擇 Hong Kong 或 British National Overseas。提交資料後，系統便會發送一封電子郵件給你，點擊電郵內的連結便完成註冊。

移英生活説明書

註冊成功後，你便可以輸入電郵地址及剛才自訂的密碼登入 ECCTIS 的網站。登入後點擊「Start your application」。進入新頁面後選擇「Statement Of Comparability」 的「Add Statement Of Comparability Services £49.5 (+VAT)**」的按鈕。及後向下拉頁面，點擊「Next」，便開始申請學歷對應的程序。

1.	Please find your qualification summary below. You will then be able to upload photos or scans of your qualification certificates and documents for us to check. Please note that we accept JPG, GIF, BMP, TIFF, PNG and PDF file formats only. To <u>speed up your application and minimise delays</u> – please ensure you send us all the documents we need. The upload status column in your qualification summary will indicate whether you have supplied us with the documentation required to progress your application. No qualifications have been added to your application. Click below to add a qualification. **Add Qualification**	點擊「Add Qualification」。
2.	**Add a Qualification** Qualification Title Institution Country of Qualification select country ⓘ Year of Award state the year of award ⓘ Language of documents Select Language Add Cancel	填寫你的學歷資格，包括學歷名稱、頒發機構、頒發地方、取得學歷年份、證明文件的語言。填寫後，點擊「Add」。

3.

Qualification	Documents required for	Status	Add Documents
Bachelor of Science (The University of Hong Kong, Hong Kong 2013)	Statement of Comparability	✖	Add Documents

點擊「Add Documents」。

4.

Full Transcripts required

A transcript or mark sheet shows the subjects/modules studied and the marks/grades achieved.

| i | Choose file | | Browse | Skip |

Final Certificate required

A final certificate/diploma is an official document issued by the awarding institute following completion of a qualification. It tends to be issued on or after a graduation ceremony and usually has a more decorative appearance

| i | Choose file | | Browse | Skip |

上載「Full Transcripts」及「Final Certificate」。

5.

Qualification	Documents required for	Status	Add Documents
Bachelor of Science (The University of Hong Kong, Hong Kong 2013)	Statement of Comparability	✔	Add Documents

Edit/Add Qualifications   Next

若你還有其他學歷需要一併認證，點擊「Edit/Add Qualification」。

移英生活説明書

6.	**My Qualification list** Add Qualification [+]	點擊「Add Qualification [+]」。及後重複步驟 2-4，填寫你的學歷資格及上載成績表和證書。（會考、高考及中學文憑試的成績是列印在證書上，上載成績表及證書時，你可以上載同一文件作為證明。）

	Title	Bachelor of Science	🗑 delete ✏ edit
	Institution	The University of Hong Kong	
	Country (document language)	Hong Kong (English)	
	Year of Award	2013	

7.		當添加完所有學歷後，便可以點擊「Next」。

Qualification	Documents required for	Status	Add Documents
Bachelor of Science (The University of Hong Kong, Hong Kong 2013)	Statement of Comparability	✔	Add Documents
Hong Kong Advanced Level Examination (Hong Kong Examinations and Assessment Authority, Hong Kong 2010)	Statement of Comparability	✔	Add Documents
Hong Kong Certificate of Education Examination (Hong Kong Examinations and Assessment Authority, Hong Kong 2008)	Statement of Comparability	✔	Add Documents

Edit/Add Qualifications   Next

8.	Phone [ ] Mobile [ ]	填寫聯絡電話。

74

9.

House name / number

Address line 1

Address line 2

Address line 3

Town / City

County / State

Postcode / Zip Code

Country of Residence

Hong Kong ⌄

填寫地址。

10.

Name and date of birth of qualification holder

Please check the below details are correct, before proceeding - the following details will be used to complete your application and for your final documents issued by us

Please note that the Surname / Family Name field must be filled in. If you do not have a Surname please enter 'Not applicable'.
When completing your assessment, we will amend the 'not applicable' entry and replace the field with a full stop.

If applying for the Visas and Nationality service, please provide your full name and date of birth as it appears on your current passport.

First Name(s)

Michelle

Surname(s)/Family Names(s)

Wu

Date Of Birth

01/01/1991   Amend

確認學歷對應證明上所顯示的姓名及出生日期。

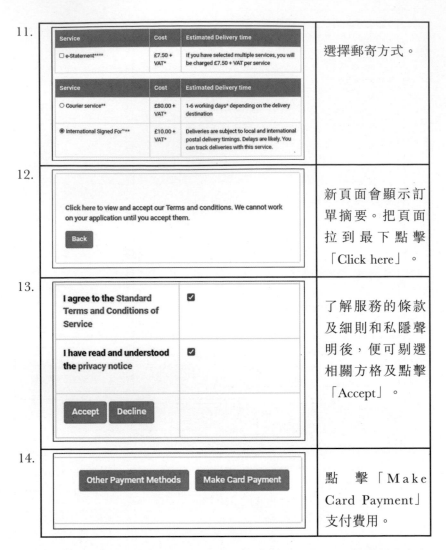

11.	選擇郵寄方式。
12.	新頁面會顯示訂單摘要。把頁面拉到最下點擊「Click here」。
13.	了解服務的條款及細則和私隱聲明後，便可剔選相關方格及點擊「Accept」。
14.	點擊「Make Card Payment」支付費用。

付款後便完成申請。若付款後，你有任何問題或 ECCTIS 的職員有任何事宜需要通知你，你可以登入 ECCTIS 的網站，點擊「Message」互相溝通。若想了解申請進度，便可以點擊「Order Status」，在頁面中你可以看見現時的申請進度及預計完成審核的日期。

2.2 為永居作準備：大學學歷滿足英語能力要求

上一篇提及英國 ECCTIS，可以發出學歷對應證明，把香港學歷對應成英國的同等學歷，從而在求職時方便僱主了解你的學歷水平。除了申請學歷對應證明外，如你擁有英語授課的學士或以上學位，當你在英國居住滿五年後，申請永久居留權（永居）時，便可以通過 ECCTIS 申請學歷資格證明及英語能力證明，以免除參加英語能力測試。

當你以 BNO Visa 在英國居住滿 5 年後，便可以申請永居。而 BNO Visa 要取得永居需要滿足 3 個條件，包括：

一、在申請永久居留權的時候，過去 5 年的任何 12 個月內，沒有離開英國境內超過 180 日；

二、在 Life in the UK Test（英國生活測試）取得合格的成績；

三、需要滿足英語能力的要求。即需要證明自己的英語水平達到 CERF Level B1 或以上程度。

移英生活說明書

如何證明自己的英語水平達到 CERF Level B1 或以上程度？你可以參加官方認可的英語能力測試，例如 IELTS for UKVI 或 Trinity College London 的 Integrated Skills in English 等。除此以外，如果你擁有學士或以上學位，而且該學位是以英語授課，你便可以不用參加上述提及的英語測試。雖然不需要考試，但你需要提交相關的證明。

若你的學位在英國考取，只需要提交畢業證書。但倘若你的學位是在非英語系國家考取，包括香港，你需要通過 ECCTIS 申請學歷資格證明（Academic Qualification Level Statement，AQUALS）及英語能力證明（English Language Proficiency Statement，ELPS）。若你的學位在除英國外的英語系國家考取，你便只需要向 ECCTIS 申請 AQUALS。

在英國脫歐前，你可以任何時候通過 NARIC（ECCTIS 的前身）申請學歷資格證明及英語能力證明（合稱為英語水平證明），證明上標明你的大學學歷相等於你擁有什麼程度的英語能力。而 NARIC 可以同時申請學歷對應證明，所以在 2021 年前，不少移民英國的人士會一併申請學歷對應證明及英語水平證明。

但英國脫歐後，機構的名稱由 NARIC 改名為 ECCTIS。除名稱更改外，有關英語水平證明不再是任何時候都可以申請，而只有當你申請簽證或申請永居時才可以申請。

ECCTIS 發出的英語水平證明和 NARIC 時代發出的也有一些分別，
除了同樣標明你的大學學歷相等於你擁有什麼程度的英語能力外，
ECCTIS 發出的英語水平證明，特別強調是「UK Visas and nationality
service」（英國簽證和國籍服務）以及標明是「relevant to your
immigration application to UK Visas and immigration」（與你的英國簽
證和移民的申請有關）。

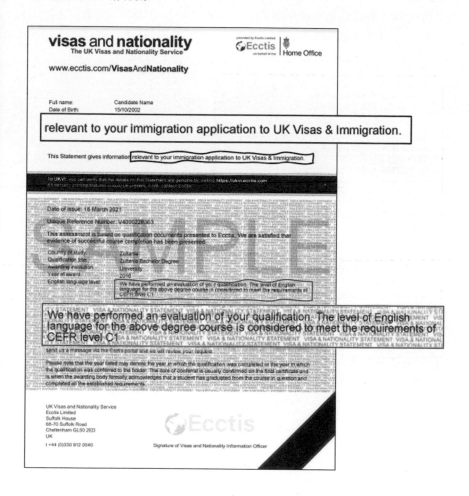

跟上一篇提及的學歷對應證明不同，申請英語水平證明時，你必須選擇你是屬於哪一種 Immigration Tier/Route（移民級別／路線），如果選擇 BNO Visa，系統會拒絕你的申請。這是因為英國政府對 BNO Visa 申請者的英語能力沒有要求，只有在五年後申請永居時才需要證明英語能力，所以 ECCTIS 拒絕 BNO Visa 申請英語水平證明。但如果你在 Immigration Tier/Route 選擇「ILR」（永居），系統便准許你申請英語水平證明。因此，你可能會問反正要申請學歷對應證明，其實是不是可以同時申請英語水平證明，在五年後申請永居時使用？

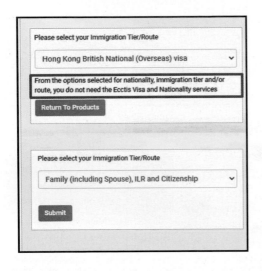

筆者的意見是暫時不建議大家先申請英語水平證明，因為 BNO Visa 是新的政策，很多細節經常更新或未有最終答案，有可能五年後申請永居時，英國政府要求 BNO Visa 以其他方法證明英語能力。而且英語水平證明上標明是用作申請簽證或移民，理論上你不可以用作向僱主證明自己的英語能力，提早申請也沒有用，所以筆者建議大家不用太著急申請。

當然，有些朋友認為先申請也沒有壞處，因為申請費只是 140 英鎊，而且覺得英國政府未必會把其他簽證和 BNO Visa 申請永居的要求分開不同方法處理。如果你考慮清楚當然可以預先申請。

不論你打算現在申請還是五年後才申請，你也需要留意申請 ECCTIS 英語水平證明所需的文件。你需要提交以英語授課的學士或以上學位的畢業證書及成績表。另外，需要附上一封教學語言證明信（Medium of Instruction Letter，MOI letter），MOI letter 需要由你的大學發出，證明你的學位是以英語授課。

雖然你的成績表可能已經標明是以英語授課，但 ECCTIS 表明不接受成績表或證書上提及授課語言作為證明，必須要獨立提交一份由學校發出的 MOI letter 作為授課語言證明。所以不論你是現在申請還是五年後才申請英語能力證明，筆者建議你在離港前向你的大學索取 MOI letter。

筆者的一位朋友，她的大學發給她的 MOI letter 標明：「English is the medium of instruction and is used for classes, written assignments and examinations unless special approval has been given to a subject due to its special nature.」（英語是授課語言，用於課堂、練習及考試，除非因為特殊原因而給予特別批准。），因為最後那句「unless special approval has been given to a subject due to its special nature.」，ECCTIS 回覆說這封信不能證明你的學位是以英語授課。

其後筆者的朋友便致電到學校查詢。學校回覆指申請者應該在申請 MOI letter 時表明是用作申請 ECCTIS。學校會就申請 ECCTIS 而特別發出另一封信，這封信只會寫上：「The medium of instruction of this programme is English.」（本課程的教學語言為英語）。及後，她重新提交新的 MOI letter，審核便通過了。分享這個故事的目的是提醒大家記得在索取 MOI letter 時註明你是用作申請「UK ECCTIS」以及要求在信上標明「The medium of course was English」。

以下分享香港其中 6 間大學申請 MOI Letter 的方法：（以下的資料是筆者一些朋友過往成功索取 MOI letter 的經驗分享，但相關的費用、方法及資訊可能因應時效或個別情況而有所不同，建議大家先聯絡學校的教務處或學系，了解清楚索取 MOI letter 的途徑。）

香港大學

通過網上申請 Testimonial，申請時在 Remarks 註明「for applying UK ECCTIS」及要求「Indicate "The medium of the course was English"」。申請 testimonial 費用為港幣 30 元。（申請網站：http://www.ase.hku.hk/asoffice）

香港中文大學

以電郵申請 Letter of Certification，電郵註明「for applying UK ECCTIS」及要求「Indicate "The medium of the course was English"」。申請 Letter of Certification 費用為港幣 40 元。（申請電郵：transcript@cuhk.edu.hk）

香港科技大學

筆者的一位香港科技大學畢業生朋友，他當時是以網上申請 Award Certification Letter，而且申請過程中沒有註明是申請 ECCTIS，也沒有要求標明授課語言，但收到的 Award Certification Letter 有寫上「English is the medium of instruction and assessment at the University」。申請 Award Certification Letter 費用為港幣 30 元。（申請網站：https://registry.hkust.edu.hk/resource-library/award-certification-letter-graduates）

另外，科大的網站上表示要索取 Proof of English as Medium of Instruction 的正確做法是以電郵向教務處申請。如果使用這個方法，建議大家在電郵上表明是用作申請 UK ECCTIS。（申請電郵：registry@ust.hk）

香港理工大學

在網上下載表格並以電郵提交申請 Testimonial，申請時在 Remarks 註明「for applying UK ECCTIS」及要求「Indicate "The medium of the course was English" 」。申請 Testimonial 是免費的。（申請網站：https://www.polyu.edu.hk/ar/web/en/for-graduates/application-forms/index.html）

香港城市大學

以填寫表格方式申請 Letter of Certification，申請時在 Application Particulars 註明「for applying UK ECCTIS」及要求「Indicate "The medium of the course was English" 」。申請 Letter of Certification 費用為港幣 30 元。（申請網站：https://www.cityu.edu.hk/arro/content.asp?cid=5）

香港浸會大學

可以選擇網上或填寫表格方式申請 Testimonial，申請時剔選「show the medium of instruction」 並 在 Others 註 明「For applying UK ECCTIS.」。申請 Letter of Certification 費用為港幣 50 元。（申請網站：https://ar.hkbu.edu.hk/student-services/student-record/testimonial ）

2.3 保留香港號碼：
攜號轉台海外接收香港短訊

移民外地固然要做一番「斷捨離」的決定，但筆者建議大家移民後，應繼續保留香港的電話號碼（俗稱：養香港號碼）一段時間。由於我們在移民前使用的一些服務，包括信用卡、強積金賬戶及網上銀行均是以香港的電話號碼登記，當登入系統管理賬戶時，一般都要進行短訊驗證。養香港號碼便不需要著急更新這些登記資料。

人在海外，當然不建議大家繼續使用昂貴的月費計劃來養香港號碼。最划算的方法就是通過攜帶號碼轉台（Mobile Number Portability，MNP）方式，改用儲值卡保留香港的電話號碼。

在你決定攜號轉台前，請查清楚現有合約的到期日，如在約滿日前轉台，可能要繳交違約罰款。因此，務必要向你的現有電訊公司問清楚合約到期日，以免得不償失。

市面上有 5 款比較常見可以攜號轉台的儲值卡，這 5 款儲值卡均可以在外地接收短訊（SMS）。以下會和大家分享這些儲值卡的資料，供大家參考比較。下列內容是「保留香港電話號碼，從而能夠在海外接收 SMS」，如果你需要在外地用香港電話號碼撥打或收聽電話，以下的收費或儲值額將不適用。另外，這裡只列出 5 款比較相見的攜號轉台儲值卡，筆者知道還有其他公司提供類似的服務，建議大家可以多做功課，進行比較，找出適合自己的電訊供應商。

一、Club SIM

使用 Club SIM 首年的價錢為港幣 124 元，這裡包括港幣 58 元的首月月費，及從第二個月開始轉用港幣 6 元月費的 SMS PACK 計劃。由第二年開始便只需要每月繳交港幣 6 元的 SMS PACK 計劃，每年費用為港幣 72 元。而 Club SIM 不會收取任何行政費費用。

關於 Club SIM，網絡上有不少人表示可以低至港幣 6 元一年來養香港號碼。當中的原因是每一次付費 Club SIM 會保留你的號碼 365 日，所以有一些人會利用這個條款，每年只付款一次。即在第一年申請只付首月月費港幣 38 元，保留電話號碼 365 日，這 365 日完結前，付一次港幣 6 元買 SMS PACK 計劃再養號碼多 365 日。但筆者不建議大家這樣做，因為 The Club 可以隨時終止你的計劃，如果我們身處海外被取消原來的電話號碼會非常麻煩，沒有必要為了每年數十元港幣的費用去冒險。

人在海外，增值方法便顯得格外重要。Club SIM 增值方法是通過官網或 App 購買延長服務，當中你可以使用信用卡、Tap & Go（拍住賞）、AlipayHK（支付寶香港）及 WeChat Pay HK（微信支付香港）付款。

Club SIM 可以在官網或 App 申請攜號轉台，完成手續後便會以郵寄方式把儲值卡寄到你香港的地址。最後補充一點，Club SIM 沒有任何一個計劃是支持在海外撥打或收聽電話，因此若你暫時只是需要接收 SMS，但不肯定將來是否需要撥打或收聽電話功能，便不建議使用Club SIM。

二、3HK 國際萬能卡

申請攜號轉台國際萬能卡最便宜的「套餐價格」為港幣 90 元，這裡包括了攜號轉台儲值卡及價值港幣 120 元儲值額的儲值券，有效期為 360 日。其後每增值港幣 50 元，便有效續期 360 日。另外，國際萬能卡每月會收取0.5元作為行政費，行政費會從儲值額扣除。如果你只是用作接收 SMS，不會用到儲值額便沒有問題。

國際萬能卡的其中一個缺點是只可以使用儲值券增值。因此你要在出發前購買儲值券。如果想長期保留號碼，便可能需要請香港親友代買儲值券，因為儲值券是有有效期的。

雖然這是 3HK 的儲值卡，但並不是在 3HK 的平台購買，而是在手提電話直銷中心五間指定門市購買。你可以到這些門市辦理攜號轉台或購買國際萬能卡後通過 App 申請攜號轉台。五間指定門市分別位於銅鑼灣香港大廈、中環歐陸貿易中心、旺角龍旺大廈、荃灣嘉新大廈、元朗崇德樓。

三、3HK DIY 儲值卡

同樣是 3HK 的儲值卡,購買此 DIY 儲值卡的
費用為港幣 120 元,延長 365 日便需要增
值港幣 200 元。此儲值卡並不收取行政費
用。增值方法是在官網或 App 以信用卡或
AlipayHK 增值。購買方法是在官網或以 App
購買並申請攜號轉台,SIM 卡便會郵寄到你的
香港地址。

四、Globalsim

Globalsim 第一年費用為港幣 100 元,這裡包括
攜號轉台手續費 50 元及增值費 50 元,有效
期 365 日,由翌年開始需要每年增值 50 元。
此儲值卡並不收取行政費用。增值方法可以
使用信用卡、AlipayHK 或 PayMe 於網上增
值。Globalsim 可以在官網購買,亦可以選擇
前往旺角或銅鑼灣門市購買。

五、 LuckySIM

LuckySIM 特意為養香港號碼推出了兩項月費計
劃,分別為「$4 保留號碼計劃」及「$8 超值
計劃」,若選擇「$4 保留號碼計劃」需要預
繳 24 個月月費,而選擇「$8 超值計劃」,
則需一次支付 12 個月月費。這兩項月費計劃
均需於首年支付 30 元開台手續費。LuckySIM
不會收取行政費。

兩項月費計劃完約後,可以網上以信用卡、AlipayHK 或 FPS(轉數快)購買服務計劃。購買 LuckSIM 月費計劃需要經代理在專門店申請攜號轉台。有關專門店的資料可以在 LuckySIM 的官網查閱。就攜號轉台,專門店會收取一次性手續費,有關費用因應不同專門店而有所不同,建議大家購買前,可多向幾間專門店查詢相關收費。

	Club SIM	3HK國際萬能卡	3HK DIY儲值卡	Globalsim	LuckySIM
	📧 海外可以免費接收短訊				
價錢	第一年: HK$ 124 其後每年: HK$ 72	第一年: HK$ 90 其後每年: HK$ 50	第一年: HK$ 120 其後每年: HK$ 200	第一年: HK$ 100 其後每年: HK$ 50	第一年: HK$ 78+轉台費 其後每年: HK$ 48
增值方法	網上 / App增值 (信用卡/Alipay/ Tap & Go/ WeChat Pay)	只限增值券	網上 / App增值 (信用卡/ Alipay)	網上增值 (信用卡/ Alipay/PayMe)	FPS / 網上增值 (信用卡 /Alipay)
購買途徑	網上 / App購買	手提電話 直銷中心購買	網上 / App購買	Globalsim 網站或門市購買	經代理在 專門店購買

* 資訊更新至2022年7月1日

以上的價格,請只作為參考。有些時候,部分電訊公司可能會提供轉台優惠。大家選擇使用哪一款儲值卡前請多做研究,不應只考慮價錢,也需要考慮增值的方便程度及對相關電訊公司的信任程度。

若你一直使用月費計劃，對使用儲值卡比較陌生。這裡有兩點需要注意：

一、謹記在有效期前增值儲值卡

電訊公司不一定會保留你的號碼，如果你沒有在有效期前增值儲值卡，你可能會失去原有的號碼。加上你身處海外，要復原號碼並不容易。建議在手提電話的日曆上設置提示，以提醒自己一定要在有效期前增值，寧願早增值「蝕幾蚊」，也不要遲了增值。

二、保留儲值卡的大卡

儲值卡的大卡即拆除插入電話的小卡後，原本那張和信用卡差不多大小的卡。為什麼要保留大卡？使用儲值卡後，大部分電訊公司是「認卡不認人」，萬一你遺失電話，如果你有儲值卡的大卡，你還可以在回港時，到電訊公司證明你是卡主，補發一張新的電話卡給你。但如果你沒有大卡證明，便有可能需要到警局報失備案才可以補回電話卡。

第三章
BNO Visa獲批後/
離港前2-3個月

3.1 家當運英國 1：
申請 ToR1 免税入口個人物品

雖然英國會徵收入口關税，但移民英國的第一年，只要申請 ToR1 (Transfer of Residence Relief)，便可以免税搬運個人物品，包括日用品、衣物、傢俬及電器等等到英國。

申請 ToR1，你必須滿足以下要求：

第一，移民英國前，你最少連續 12 個月在英國境外居住；

第二，物品在進入英國前，你必須擁有這些物品最少 6 個月或以上；

第三，有關物品必須在你英國居住後 12 個月內運送到英國；

第四，有關物品，在英國的用途必須和在英國前的用途一樣；

最後，你運送到英國的物品，在 12 個月內不得出借、用作擔保、出租或轉讓給其他人。

移英生活說明書

合資格申請 ToR1 的物品，包括家用物品、個人用品、傢俬、家用電器、單車等。另外，電單車、私家車、遊艇、私人飛機、寵物都可以申請 ToR1，但由於所需文件相對繁複，這篇文章只會集中討論搬運個人及家用物品。如果你需要運送私人交通工具或者寵物到英國，你可以向你的貨運公司查詢或瀏覽英國政府相關網站了解詳情。

至於不可申請 ToR1 的物品，包括酒精飲品、煙草及煙草製品、商業用運輸工具及你的行業或職業所需的非便攜式工具。除以上物品外，筆者建議你也詢問一下你選擇的貨運公司，了解清楚有什麼物品是不可以運送，因為有部分貨運公司對運送的物品有額外限制。另外，使用船運和使用飛機運對物品的要求亦會有所不同。

申請免稅搬運個人及家用物品非常簡單，只需要在網上便可以完成整個申請程序。申請前你需要準備以下文件，把文件掃描成 PDF 或 JPEG 格式，便可以開始申請。

第一，護照有照片及個人資料的那一頁；

第二，香港地址證明，例如：水電煤賬單或銀行月結單，必須是英文住址證明及 3 個月內發出的證明；

第三，英國地址證明，同樣可以是 3 個月內發出的水電煤賬單或銀行月結單。如果你未有英國地址，可以提供臨時住宿的證據，例如酒店預訂的證明或英國親友的證明信；

第四，你攜帶到英國的物品清單（List of items）

相信不少人對物品清單（List of items）會有一些疑惑，到底有沒有特定格式？清單需要有多仔細？根據英國政府網站，除電器產品外，你不需要列出每個項目的單品，例如每本書或每件衣服的名稱，也不需要提供物品的成本、價值或品牌。物品清單沒有指定的格式，只要容易閱讀即可，以下是英國政府網站提供的例子，大家可以作為參考：

Item	Number of items
TV	2
Tablet	3
Laptop	1
Clothing	13
Books	110 (approximately)
Cutlery	40 (approximately)
Crockery	30 (approximately)
Utensils	25 (approximately)

準備好所有文件，便可以進入英國政府網站（https://www.gov.uk/guidance/application-for-transfer-of-residence-relief-tor1）申請 ToR1。進入頁面後，點擊「Start now」按鈕開始。首先你需要輸入及驗證電郵地址，及後就進入正式申請程序。

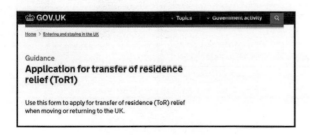

移英生活説明書

以下的示範是一般情況下,申請者還未出發前往英國,在香港申請 ToR1 的步驟。當你填寫 ToR1 申請表時,請根據自己的情況提供真實答案。

1.	**What do you want to do?** ◯ Apply for transfer of residence tax relief ◯ Make additions to an already approved application	問題:你使用系統的目的? 選擇「Apply for transfer of residence tax relief」。
2.	**Are you an agent acting on behalf of a client?** ◯ Yes ◯ No	問題:你是否一名中介代表客人提交申請? 由於你是以個人名義提交申請,所以選擇「No」。
3.	**What are you planning to do in the UK?** ◯ Study ◯ Work for the UK military or Civil Service ◯ Work for the US military ◯ Work for an employer ◯ Self employment ◯ Other	問題:你打算在英國做什麼? 你可以根據你的情況選擇。你可以選擇「Work for an employer」/「Self employment」/「Study」等。

4.

Enter your details

Full name
Enter your name as listed on your passport.

Date of birth
For example, 14 03 2019

Day　Month　Year

填寫姓名及出生日期。

5.

Upload a file showing the photo and personal details page of your passport

The image must show your photo alongside personal details like the place of birth and date of birth.

On new UK passports, do not provide the 'official observations' photo page only.

Upload file
The selected file must be a PDF, JPEG, XLSX, ODS, DOCX, ODT, PPTX, or ODP. Maximum file size 10MB.

Choose File | No file chosen

上載護照有照片及個人資料的那一頁。

6.

Choose where to receive the email with the decision on your application

We will always send your decision to　　　　　. If your application is successful, this will include a code to let you make additions.

Do you also want us to send your decision to a second email address?

◯ Yes

◯ No, only send to

英國政府將以電郵形成通知你的 ToR1 申請是否獲批。**這裡的問題是：你是否需要把批核通知信同時寄到另一電郵地址？**選擇「Yes」，你便需要填寫另一個電郵地址。選擇「No」，批核通知信就只會寄到開始申請時作為登入系統的電郵地址。

7.

What is your telephone number? If this is a non-UK number, enter the international code, such as +1, or +33. We will only use this if we need to contact you about this application. `+852`	填寫電話號碼。香港的號碼要填寫「+852」在號碼前面。

8.

Have you lived outside the UK for at least 12 consecutive months? ◯ Yes ◯ No	問題：你是否最少連續 12 個月居住在英國以外的地方？ 選擇「Yes」。

9.

Are you already living in the UK? ◯ Yes ◯ No	問題：你是否已經在英國居住？ 選擇「No」。

10.

What date will you move to the UK? For example, 14 3 2021 Day Month Year	填寫移民英國日期。

11.

Enter your current address Country Start typing, then select a country from the list. Address You have 1000 characters remaining	填寫你現時在香港的地址。

11.	**Upload proof of your current non-UK address** For example a bank statement or utility bill within the last 3 months, or a mortgage or rental agreement. If you need to upload more than one file for the proof of non-UK address, you can do this at the end of the form. **Upload file** The selected file must be a PDF, JPEG, XLSX, ODS, DOCX, ODT, PPTX, or ODP. Maximum file size 10MB. [Choose File] No file chosen	上載香港的地址證明。
12.	**Do you already know the permanent address where you will live when you come to the UK?** Select 'No' if you will stay in temporary accommodation, for example with a family member or friend, or in a hotel. ◯ Yes ◯ No	問題：你是否已經知道你去英國時的永久地址？ 選擇「Yes」，便需要填寫你在英國的永久地址。若你將會暫時居住在酒店、Airbnb或親友的家中，便選擇「No」。
13.	**Do you know the temporary address where you will live when you come to the UK?** ◯ Yes ◯ No	若上一題選擇「No」。系統便會詢問：**你是否知道你去英國時的暫時居所地址？**選擇「Yes」。

移英生活說明書

13.

Enter the temporary address where you will stay in the UK

Building and street

Building and street line 2 (optional)

Town or city (optional)

County (optional)

Postcode

填寫你去英國時的暫時居所地址。

14.

What type of temporary accommodation will you stay in?

◯ With family or friends in their home
◯ In a hotel, or other rented accommodation
◯ Accommodation provided by the employer, such as the UK military

問題：你住在什麼類型的臨時居所？
你可以選擇「With family or friend in their home」／「In a hotel, or other rented accommodation」。

15a.

Upload a statement from a family member or friend stating that you will be staying with them

If you need to upload more than one file for the statement from a family member or friend, you can do this at the end of the form.

Upload file
The selected file must be a PDF, JPEG, XLSX, ODS, DOCX, ODT, PPTX, or ODP. Maximum file size 10MB.

Choose File No file chosen

上一題若選擇「With family or friend in their home」，這裡你便需要上載家人或朋友的聲明，證明你將與他們同住。

15b.

Upload proof of your stay at the hotel or rented accommodation

For example a booking receipt showing dates and the address.

If you need to upload more than one file for the proof of hotel or rented accommodation, you can do this at the end of the form.

Upload file
The selected file must be a PDF, JPEG, XLSX, ODS, DOCX, ODT, PPTX, or ODP. Maximum file size 10MB.

Choose File | No file chosen

若 選 擇「In a hotel, or other rented accommodation」，這裡你便需要上載相關證明，例如有顯示日期和地址的預訂收據。

16

Is this the first time you have lived in the UK?

○ Yes

○ No

問題：這是你第一次住在英國嗎？
選擇「Yes」。

17.

Items for this tax relief claim

Give details of all vehicles and animals before submitting this application.

If you are bringing more than one item to the UK, you also need to upload a list with details of everything, including household items and personal possessions.

What types of items do you want to claim tax relief on?
Select all that apply.

☐ Vehicles
Vehicles must be for personal use only.

☐ Animals
This includes household pets and saddle animals like horses. It does not cover animals used for farming or for any other business purpose.

☐ Household items and other personal possessions
For example, furniture, books and clothes.

問題：你希望就什麼類型的物品申請免稅搬運？
選擇「Household items and other personal possessions」。 如果你需要搬運汽車或寵物，便可以同時選 擇「Vehicles」 或「Animals」。這裡只示範搬運家居用品和其他個人財物。

18
Will you keep all of the items that you are claiming tax relief on for at least 12 months?

You cannot claim tax relief on items you are planning to sell, give away, hire, pledge or transfer in the 12 months after you moved to the UK.

○ Yes
○ No

問題：你是否會保留申請免稅搬運的物品至少 12 個月？在 12 個月內不會把物品出售、贈送、出租、抵押或轉讓。

選擇「Yes」。

19.
Upload your list of items on the next page

If you have more than one document with your list of items, upload one at a time.

You can add a maximum of 30.

上載物品清單

20.
Have your goods already arrived in the UK?

This includes any vehicles, animals or household belongings.

○ Yes
○ No
○ Some goods have arrived

問題：你的物品是否已經到達英國？

選擇「No」。

21.
Will you ship any of your goods before you move to the UK?

This includes any vehicles, animals or household belongings.

○ Yes
○ No

問題：你是不是會在來英國前運送你的物品？

選擇「No」。

22.
Will you import all of the goods within 12 months of moving to the UK?

This includes any vehicles, animals or household belongings.

○ Yes
○ No

問題：你是不是會在搬到英國後的 12 個月內進口所有物品？

選擇「Yes」。

23.	**Have you had possession of the goods for 6 consecutive months before moving to the UK?** This means that as well as owning the goods, you kept the goods with you and used them for the same purpose as you intend to use them in the UK. ○ Yes ○ No	問題：在移民英國前，你是否連續 6 個月擁有這些物品？ 選擇「Yes」。
24.	**Will you continue using the goods for 12 months after moving to the UK?** ○ Yes ○ No	問題：移居英國後你是不是會繼續使用這些物品 12 個月？ 選擇「Yes」。
25.	**Do you want to add any additional documents to this application?** For example, if you needed to add any extra passport, or address documents. ○ Yes ○ No	問題：你是否需要在此申請添加任何其他文件嗎？ 你可以根據你的情況選擇「Yes」/「No」。
26.	**Do you want to type any further details about this application?** You can use this to tell us anything which did not fit into earlier questions. ○ Yes ○ No	問題：你是否需要在此申請補充其他資料嗎？ 你可以根據你的情況選擇「Yes」/「No」。

若你的 ToR1 申請成功，一般在 14 個工作天內會收到電郵通知。電郵中會有一組 unique reference number（URN）。你需要把 URN 告知你使用的貨運公司，讓他們處理後續貨運事宜。

3.2 家當運英國 2： 香港郵政寄免稅包裹到英國

有些將要前往英國的朋友，他們要搬到英國的物品不多，不需要使用船運公司，只需要寄一至三箱私人物品到英國。亦有一些朋友除了會用船運公司寄大型物件外，額外會郵寄一至兩箱急用的私人物品去英國。遇上此情況，使用香港郵政把私人物品寄到英國是較佳的選擇。

使用香港郵政方式寄私人物品前，必須要留意禁寄物品。除英國官方的
限制外，香港郵政也有自己的禁寄物品清單，下表列出了香港郵政的禁
寄物品清單。除禁寄物品外，如果你的包裹裡若含有液體、新鮮食物、
藥物或藥油、電池或化妝品，也會有很大機會被退回。

- 動物、皮草
- 古董 (易碎的)
- 石棉
- 金條、鈔票、珠寶、貴金屬、寶石及礦物
- 軍火及武器，包括零件及彈藥
- 危險或易燃物品
- 遺骸，包括骨灰
- 鋰電池及蓄電池
- 毒品 (非法)
- 香水產品
- 複製和非活性爆炸裝置和軍械
- 三十六個月以下嬰幼兒食用的配方粉
- 月餅
- 酒精含量達 24% 或以上之飲料
- 任何濕的、會洩漏或散發任何異味的物品
- 已碎裂的玻璃或已碎裂的陶瓷製品

移英生活說明書

使用香港郵政，包裹的重量及大小均有限制。重量的上限是 30kg。而包裹的體積限制是最長的邊長不可超過 1.5 米，另外如下圖顯示，a、b、c、d、e，五邊長度總和不可超過 3 米。大家也可以選擇到郵局購買紙箱，分別有萬用箱及便利箱。萬用箱會比便利箱厚實，郵寄物品到海外，建議使用萬用箱。下圖亦列出了萬用箱及便利箱的價錢供大家參考。

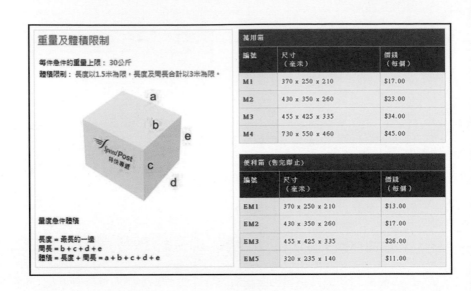

當大家把物品入箱後，便可以在香港郵政網站進行清關手續，網址 https://easy-precustoms.hongkongpost.hk/epc/?lang=zh_TW

在網頁上，大家可以看到有綠色和紫色兩個選項。綠色的選項是需要先到郵局索取一張表格填寫，之後再於網上輸入清關資料，而紫色的選項則只需要在網上輸入資料便完成。雖然紫色的選項上表示需列印投寄表格，但你其實可以下載指定的 QR code，展示給郵政人員，便不需要把表格列印貼在包裹上。相比起綠色選項，紫色選項更加方便，所以建議大家選用紫色選項：提供電子報關資料及列印網上投寄表格。

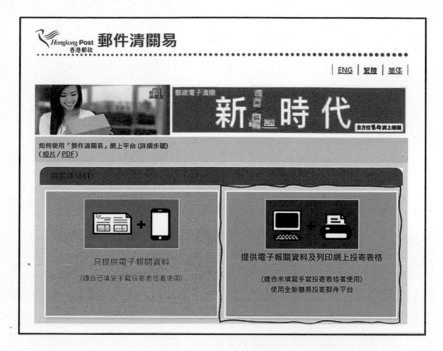

選擇紫色選項後，進入新頁面。你需要選擇投寄包裹的目的地，可在此選「United Kingdom 英國」。及後，填寫包裹的體積和重量，這裡有兩個選項，包括「自行包裝」及「使用香港郵政包裝產品」。如果你不是使用香港郵政的紙箱，便選擇「自行包裝」，並填寫紙箱的長、闊、高，以及重量。重量方面不需要非常準確，大家只要估算重量便可以，在寄包裹的時候，郵政人員會再量度一次，以確認包裹的重量和實際的郵費。填妥此頁，便可以點擊「下一步」。至於使用香港郵政的紙箱，則選擇「使用香港郵政包裝產品」，然後選擇你使用的紙箱類型。同樣地，填寫包裹估算的重量，便可以點擊「下一步」。

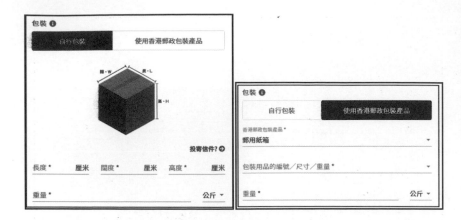

進入新頁面，會出現四種郵遞服務選項，其中一款「暢運(快遞)」，價錢相宜且郵遞時間較短，看起來較其他服務划算。不過據說「暢運」時常會退回包裹，所以不建議使用。而衡量時間、價錢以及可靠性三方面，筆者建議使用「特快專遞」(Speed Post)。

下表列出 3、5、10、15、20、25 及 30 公斤重量的包裹，若使用「特快專遞」寄件到英國的郵遞費用供大家參考。大家也可以在香港郵政網站，查閱最新的郵遞費用。

3kg	HKD 506
5kg	HKD 729
10kg	HKD 1,236
15kg	HKD 1,826
20kg	HKD 2,293
25kg	HKD 2,817
30kg	HKD 3,348
	截至 2022 年 7 月 1 日

下一步，填寫寄送資料。首先填寫寄件人姓名、地址和電話，這裡建議大家輸入香港親友的姓名和地址，萬一包裹被退回，香港親友也可幫忙處理和跟進。及後，填寫收件人，即你自己的姓名、英國地址和電話。

現在你需要填寫報關資料，首先選擇郵件類別。如果你是郵遞個人物品，或親友給你寄一些生活日用品，可以選擇「禮物」這個選項。然後，申報包裹裡有什麼物品，你需要填寫物品種類、數量和價值。關於免稅寄私人物品的技巧：

第一，在物品種類一項標示物品是「已使用過」（Used），而不是全新購買的商品，例如：Used Clothes（已穿過的衣服）、Used Toys（已使用過的玩具）。

第二，包裹裡物品的總價值不要超過 39 英鎊。根據英國政府規定，個人與個人之間送贈而價值超過 39 英鎊的禮品，須繳納增值稅 (VAT)。換言之，若包裹裡的物品價值少於 39 英鎊便不會被徵稅。至於物品的價值，若你的物品都是已使用過的及數量不多，只要估算的價值沒有太大偏差，填寫價值少於 39 英鎊也是合理的。

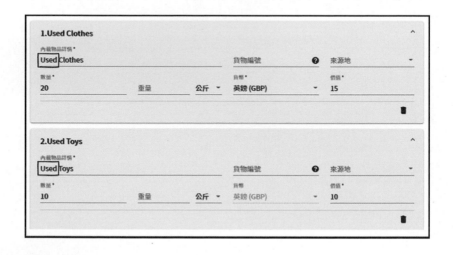

申報物品後，下一步是有關保險資料。若你不投保可不用填寫，直接點擊「確認」。進入新頁面，會顯示之前填寫過的所有訊息，檢查後及閱畢條款和細則，便可點擊「我同意」。

最後頁面上會顯示一個 QR code，代表你已完成填寫電子報關資料。除列印 QR code 外，你亦可以選擇記下郵件編號，或下載 QR code 到手提電話，郵寄包裹時把 QR code 展示給郵政人員掃描即可。

如果你有申請 ToR1，可以把 ToR1 的參考編號 （URN）填寫在紙箱表面，有關申請 ToR1 步驟可參考上一篇文章。

當包裹準備好後，便可以前往郵局的「特快專遞」服務櫃位投寄，郵政人員會掃描你的 QR code，然後為包裹磅重，確認重量和郵費後，大家便可以以現金、易辦事（EPS）或信用卡方式付款。

使用特快專遞可以在香港郵政的網站追蹤包裹派遞狀況。以筆者的經驗為例，12 月 31 日寄件，1 月 10 日便收到包裹。在疫情期間，多架貨運客運機都停飛的狀況下，尚算是十分快捷。

第四章
離港前1個月

LONDON

TELEPHONE

4.1 告別綠色炸彈：
一日內辦妥離港清稅手續

根據香港《稅務條例》規定，任何需要繳納稅款的個別人士，如果打算離港超過一個月，必須通知稅務局，再由稅務局決定是否需要清繳稅款（清稅）。所以，當納稅人準備移居外國、到外地升學或工作，都必須在離港前通知稅務局。

移英生活說明書

以下三類收入來源需要在離港前清稅：

一、受僱工作而又需要繳交薪俸稅的收入。

二、已出售物業的租金收入。如果在離港前已經出售有租金收入的物業，並選擇以個人入息課稅方式計稅，便需要在不遲於離港前一個月通知稅務局。如果沒有出售物業，就不需要通知，但需要把新的通訊地址通知稅務局。離港後，如常每年提交報稅表，申報物業的租金收入。

三、名下業務的利潤。如果業務在離港前已結束，需要在不遲於離港前一個月通知稅務局。如果沒有結束，則毋須通知，但需要把新的通訊地址通知稅務局。離港後，如常每年提交報稅表，申報業務的利潤或虧損。

理論上，如果你在整個稅務年度，即每年的 4 月 1 日至下一年的 3 月 31 日，都沒有受僱工作，例如失業人士或全職家庭主婦，便不需要通知稅務局離港的事宜。但如果你在上一個稅務年度有繳交薪俸稅，只是今個稅務年度沒有受僱工作，還是建議大家可以通知稅務局，這樣你可能有機會提前退回上一個稅務年度預繳的稅項（退稅）。

如果你需要但沒有清稅，可能有以下後果：

第一、法例規定納稅人及僱主都需要將離港的事宜通知稅務局，並且辦理清稅手續。如果不遵守規定，可被懲處繳交第 3 級罰款，即港幣 10,000 元。

第二、如果納稅人沒有繳付稅款而意圖離開香港或離開香港到其他地方居住，稅務局局長可以向區域法院申請阻止離境指示阻止該納稅人離開香港。

第三、當你以永久性地離開香港為理由申請「在 65 歲前提取強積金」，部分強積金受託人要求成員提供永久離港的證明文件，其中包括稅務局在完成清稅手續後發出的「同意釋款書」。詳情可以向你的強積金受託人查詢，因為不是每一間強積金受託人也要求提交「同意釋款書」以及不是每一種移民方式也可以提前取回強積金。

如何清稅？首先，你需要通知你的僱主或 HR 部門，你將於一個月後離港，並且要求對方提供 IR56G 表格的副本，用作辦理清稅。在通知僱主或 HR 部門的時候，建議向對方表明：1. 你預計離港的日期、2. 離開香港的原因 （返回原居地、移民、調往其他地方工作或其他原因）、3. 你預計之後會否回流香港 （如會，也提供預計回港日期）。這是因為僱主填寫 IR56G 表格的時候，需要填寫以上的資料，你提前告知僱主，可以避免你和公司因為來來回回的溝通而浪費時間。

僱主由發出 IR56G 表格當日開始，會暫時扣起未支付給你的薪金。直至收到完成清稅後，稅務局發出的「同意釋款書」，才會向你支付扣起的薪金。如果在發出 IR56G 表格當日起計一個月，仍未收到「同意釋款書」，這個時候，僱主便需要向你支付扣起的薪金。

同一時間，你可以透過以下方式通知稅務局你即將離港，包括電話（187 8022）、電郵（taxinfo@ird.gov.hk）、傳真（2877 1232）或者郵寄（香港告士打道郵政局郵箱 28777 號）。無論用任何方式，你也需要提供你的姓名、香港身份證號碼、檔案號碼、香港的聯絡電話號碼以及香港的通訊地址。如果已經有海外的通訊地址也可以提供。

當稅務局收到你的通知後，就會發出報稅表。填妥及提交報稅表後，稅務局便會發出稅單，你繳交完稅款後，稅務局會發出「同意釋款書」，便完成整個清稅手續。但這方法涉及太多書信來往，所需時間較長。筆者有一位朋友就是因時間不足，而未能在離港前提交申請退稅的證明文件，從而多繳稅款，雖然可以申請反對評稅及補交相關證明文件，但人在海外不方便處理，花費了不少時間和心力。

所以除了使用電話、電郵、傳真或郵寄外，筆者更推薦大家直接前往稅務大樓辦理離港清稅，這是最快的方法完成清稅及領取「同意釋款書」從而取回被僱主扣起的薪金。直接前往稅務大樓辦理離港清稅，需要帶備以下文件，包括：

一、香港身份證

二、僱主填寫好的 IR56G 表格副本

三、增加免稅額或稅項扣除的證明文件（如果你申請增加免稅額或稅項扣除，你需要帶備相關證明文件。例如：樓宇按揭貸款利息、供養家人及認可慈善機構捐款等）

如果你在本稅務年度有多於一位僱主，你除了要帶現職僱主提供的 IR56G 表格副本外，你亦需要請上一任僱主提供本稅務年度的 IR56F 表格副本。如果因為任何理由，上一任僱主未能提供 IR56F 表格副本，你便需要帶備相關的糧單作為薪金證明。

要注意一點，準備增加免稅額或稅項扣除證明文件的時候，除了要帶備本稅務年度的證明文件外，也要帶同上一個稅務年度的證明文件。因為本年度的稅款會先從上一個稅務年度預繳的稅項中扣除，再評定你還要補交多少稅或退回多少稅。所以評稅組會同時查核上一個稅務年度的文件。

直接前往稅務大樓辦理離港清稅的流程：稅務大樓位於灣仔告士打道 5 號，辦公時間為星期一至五上午 8:15 至下午 12:30 以及下午 1:30 至下午 5:30。

至於前往那一個樓層辦理清稅手續需視乎你屬於哪一個評稅組別。你可以從你的檔案號碼得知自己屬於哪一個評稅組別。你的檔案號碼第二個 digit 的英文字母便是你的評稅組別。

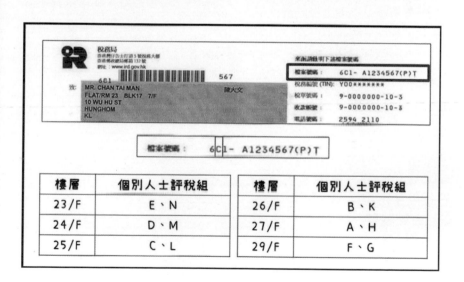

樓層	個別人士評稅組	樓層	個別人士評稅組
23/F	E、N	26/F	B、K
24/F	D、M	27/F	A、H
25/F	C、L	29/F	F、G

以上圖為例，檔案號碼第二個 digit 為「C」，即屬於評稅組 C 組，而 C 組需要在稅務大樓 25 樓辦理清稅。建議大家在出發前找回自己的檔案號碼。否則的話，便需要到稅務大樓 1 樓中央詢問處，領籌查詢自己所屬的評稅組別，由於中央詢問處是處理所有市民有關不同稅務的查詢，等候時間會比較長，會花費掉不少時間。

到達你所屬組別的樓層後，向櫃台職員表明你想辦理離港清稅。職員會給你一份報稅表，你先填寫報稅表。一段時間後，職員會請你進入房間與評稅主任會面，評稅主任會檢查你所填寫的報稅表。如果沒有問題，評稅主任便會收齊報稅表及相關證明文件進行評稅。評稅大約需要一至三小時。

完成評稅後，你可以返回所屬組別樓層領取你的稅單，然後繳交稅款。如果你想即日領取「同意釋款信」，無後顧之憂，便可以前往稅務大樓 1 樓的郵局以現金或 EPS（易辦事）交稅。你亦可以前往附近銀行的自動櫃員機或使用銀行本票交稅，這樣的話，你便可以在同一日領取「同意釋款信」。否則，若使用 PPS（繳費靈）或經互聯網交稅，便需要兩個工作天，稅務局才會寄出「同意釋款信」或你需要去多一趟稅務大樓領取。

假設你即日交稅，交稅後，你便可以到稅務大樓 7 樓收稅組領取「同意釋款書」副本。及後把「同意釋款信」交給僱主，僱主便需要支付扣起的薪金或如期發放本月薪金。剛才提到，如果你不是以現金、EPS（易辦事）、自動櫃員機或銀行本票即日交稅，或因為其他原因不可以親自領取「同意釋款書」副本，稅務局便會郵寄「同意釋款書」給你和你的僱主。

這裡給大家一個溫馨提示，如果你想在同一日內完成上述清稅步驟，你必須要早上前往稅務大樓辦理，因為評稅時間約需要 1-3 個小時，如果你下午才前往，很大機會未能趕及即日收到稅單交稅，變相你可能需要去多一趟稅務大樓，或請稅務局郵寄稅單給你。筆者的建議是一早到稅務大樓報稅，在評稅主住評稅的時候去吃午飯，下午返回稅務大樓領取稅單及前往郵局交稅，這樣便可以同一日領取「同意釋款信」完成清稅。

筆者身邊有一些朋友，她們比出發日前早兩至三個月甚至半年辭職，從而有更加多時間準備移民的事宜。就這種情況，我們曾經致電稅務局查詢。如果你在辭職的時候已經預計會離港，而且又不會再受僱工作，你可以如常請僱主準備 IR56G 表格及進行清稅手續，以履行稅務責任。

假如你已經離職一段時間，才決定移民，中間並無受僱工作，從而未能從最後一任僱主領取 IR56G 副本或其他原因而未能提供 IR56G 副本。你可以書寫或列印一份「自我聲明」。

「自我聲明」上應有你的姓名、身分證號碼、檔案號碼、離港日期、最後一位僱主的名稱、你的職位名稱、終止受聘日期以及本稅務年的總薪金，最後簽名及填寫日期。而本稅務年度的總薪金包括薪金、假期工資、佣金、花紅、代通知金、退休或終止服務獎賞酬金、教育費福利等。如果你不清楚你的總薪金，可以請你的上一任僱主提供 IR56F 表格副本或自行追查相關的糧單。

辦理離港清稅手續後，如有額外薪酬、額外累算收入或股份獎賞，你都應該以書面形式通知稅務局。同時，僱主會準備一份額外的 IR56G 表格及會暫時扣起這些未支付的薪酬或獎賞，直到 IR56G 表格發出日起 1 個月或收到「同意釋款書」，才會把未支付的薪酬或獎賞支付給你。

移民後如果仍受僱於香港公司，你便不需要辦理清稅，並且需要繼續在香港報稅。如果僱員是在香港以外提供所有服務，並在稅務年度內到訪香港日數總共不超過 60 日，便可申請全部或部分入息豁免徵繳薪俸稅。另外，僱員就海外已繳的入息稅，可以向香港政府申請雙重課稅寬免。與香港簽訂雙重課稅寬免的國家包括英國、加拿大、葡萄牙、馬來西亞、新西蘭等。（有關「雙重課稅寬免」，可前往：https://www.ird.gov.hk/chi/pol/dta.htm）。

4.2 申請英國號碼：
在香港免費領取英國電話

在移民英國前先申請英國電話號碼，方便大家一到步英國就可以撥打電話和上網，這樣便可以和親友報平安、召喚的士或 Uber（筆者另外推薦「Bolt」，它的服務類似 Uber，但價格比 Uber 划算）、尋找住宿地點、申請英國銀行服務、預約英國代理睇樓等等。另外，如果你想在出發英國前，開立一些英國賬戶，若你有英國電話號碼，便可以接收短訊驗證。

移英生活說明書

筆者推介香港人移民前申請 giffgaff 電話卡，原因如下：

一、 giffgaff 電話卡可以在網上申請。在你正式啟用電話卡使用服務前，並沒有任何收費，而且毋須提交身份證明文件便可以免費領取一張英國號碼電話卡。

二、完成網上申請程序後，短時間內便會把電話卡郵寄到你的香港地址，而且由英國寄到香港也不會向你收取任何運費，免費郵寄到府上。

三、增值方法簡單，只需要使用信用卡在網上增值便可。在香港，也可以輕鬆增值。

四、giffgaff 電話卡也可以在香港使用，使用的是 csl 網絡。雖然不建議你在香港撥打電話或上網，但此卡可以在香港免費接收英國發出的短訊，方便在香港申請英國賬戶時，進行短訊驗證。

五、giffgaff 電話卡毋須簽約，你可以隨時因應需要轉換計劃，例如在香港的時候，用扣除儲值額方式保留英國號碼；到達英國的首兩個月改用月費計劃，節省電訊費用；在英國安定下來後，便可以以攜號轉台方式改用其他電訊供應商。

giffgaff 電話卡有兩種收費模式，第一種是「Pay as you go」，即和一般儲值卡一樣，你可以增值一定金額到電話卡，當你撥打電話、使用流動數據或發送短訊便會按特定收費從儲值額中扣除。當所有儲值額全被扣除後，你便需要增值。giffgaff 每次需最少增值 10 英鎊。下表列出在英國使用 giffgaff 卡的費用，例如流動數據是每 1MB 收費 10 便士，撥打英國電話是每分鐘 25 便士，發送短訊是 10 便士一個短訊。至於撥打電話或發送短訊給 giffgaff 的用戶是免費的，所以一家人可以一人申請一張，方便在英國聯絡。

Pay as you go

Mobile data	10p/MB
Calls to UK mobiles, landlines and calls forwarding	25p per minute
Texts to UK mobiles and landlines	10p per text
Voicemail	8p per call
Calls, texts and call forwarding to giffgaff numbers	Free

第二種是「Goodybag」，即按月收費。下表列出 giffgaff 的月費計劃，你亦可以在 giffgaff 官網上找到最新收費資料，慢慢比較。

Golden Goodybags

£10	15GB data
£15	30GB data
£20	100GB data
£35	Unlimited data

Regular Goodybags

£6	1GB data
£8	3GB data
£10	12GB data
£12	20GB data
£15	25GB data
£20	80GB data
£25	Always On data

如前文所言，申請 giffgaff 只需在網上申請便可。進入 giffgaff 的官網：https://www.giffgaff.com，首頁便會看見「Order your free SIM」的黃色按鈕。點擊後，網站會詢問你會否選用月費計劃。即使你打算使用 giffgaff 的月費計劃，筆者建議你等收到電話卡後才選購月費計劃，因為電話卡有機會寄失或因疫情而延誤運送時間。因此，不論你使用任何收費模式，還是建議你點擊「No thanks, I just want a free SIM」（我只想要一張免費電話卡）的按鈕。

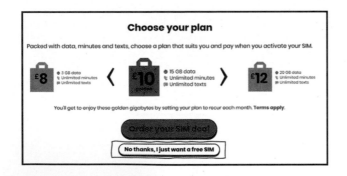

下一步，輸入你的姓名、電郵地址及地址，在香港申請時，郵政編碼（Postcode）填寫「000000」便可。填妥後，點擊「Order your free SIM」，便完成申請 giffgaff 電話卡的程序。一般在 5 個工作天內，電話卡便會送府上，但疫情期間，可能要等較長的時間才會收到。

收到電話卡之後，你需要進行啟動步驟才能使用。只要前往 giffgaff 官網，在頂部目錄選擇「Our offer」中的「Activate your SIM」。

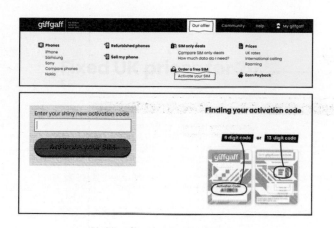

然後，根據指示輸入電話卡上的 code，接著進行簡單的登記，輸入電郵地址及設定密碼。請你記住這個密碼，日後會用作在網上查詢結餘及增值等等。下一步，選擇收費模式。若使月費計劃，便選擇相關「goodybag」，若使用儲值額收費模式，則選擇「Or choose pay as you go」及揀選增值額，最後完成信用卡付款程序後，便成功啟用電話卡，頁面上亦會顯示你的英國電話號碼。

移英生活説明書

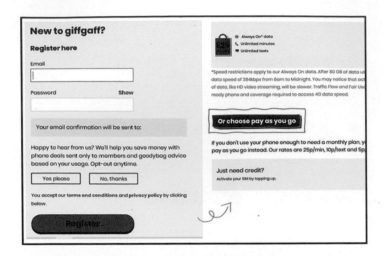

日後，若需要增值、查詢結餘、轉換收費計劃或管理賬戶，便可以進入 giffgaff 官網，在頂部目錄選擇「My giffgaff」，登入你的賬戶。

使用 giffgaff 有兩點需要注意。第一，如果你使用儲值額收費模式 (Pay as you go)，當你超過 180 日沒有使用你的電話卡，你的英國電話號碼可能會被取消。要保留號碼的話，便需要每 180 日至少進行一次收費操作，例如：發送短訊、撥打電話或使用流動數據。最划算的方法是傳送短訊，在香港傳送一封短訊收費 30 便士，而在英國傳送一封短訊則是 10 便士。

第二，giffgaff 是一間虛擬電訊公司，它是英國其中一間最大電訊公司 O2 旗下，使用 O2 的網絡提供電訊服務，giffgaff 自身並沒有獨立網絡，因此有網友表示在英國鄉郊地區接收訊號比較一般。但鑑於在香港可以既免費又方便申請 giffgaff 電話卡，即使它的訊號一般，筆者都會建議大家移民英國前申請。

筆者建議的使用方法是：在香港的時候先申請 giffgaff 卡，利用儲值額收費模式保留號碼。抵英後，首一至三個月按需要使用相應月費計劃，直至在英國安頓好後，比較自己居住地區的電訊網絡，用攜號轉台形式轉用其他電訊供應商。這樣便盡用 giffgaff 毋須簽約的優勢，彈性轉換收費計劃及其他電訊公司。

4.3 換英國車牌 1：
出發前準備轉換英國駕照文件

如果你是在香港考取私家車、輕型貨車或電單車的駕駛執照，到達英國後，你便不用再考筆試和路試，可以直接把香港駕駛執照轉換成英國駕駛執照。轉換駕駛執照的方法，只需要抵達英國後提交相關表格以及繳交申請費，大約四星期便會收到英國的駕駛執照。

對於打算在英國駕駛的朋友，盡快轉換駕駛執照的最大好處，就是以英國駕駛執照購買汽車保險，相比用香港駕駛執照購買便宜很多。即使你不打算在英國駕駛，但如果你擁有香港駕駛執照，也非常建議轉換成英國駕駛執照。原因是英國並沒有像香港般有身份證（Identity Card），如果本地人需要證明自己的身份，例如申請圖書證或去超級市場購買酒精飲品，均接受以英國駕駛執照作為身份證明。因此，如果你擁有駕駛執照，便不用隨身攜帶護照或生物識別居住證（Biometric Residence Permit，BRP），以避免因遺失這些重要文件所帶來的麻煩。

如你持有的是香港暫准駕駛執照（俗稱 P 牌），同樣可以申請轉換成英國駕駛執照。在英國，如果駕駛考試合格便可以領取正式駕駛執照，因此英國並沒有類似於香港的 P 牌。如果你手持香港 P 牌便會直接轉換成英國的正式駕駛執照。另外，補充一點，英國駕駛考試合格後的第一年，駕駛者可自願性貼上綠色的「P」字貼紙在車身上，以提醒其他司機或道路使用者，你的駕駛經驗不足。英國是其中一個公認為最難考取駕駛執照的國家之一，如果大家仍有充足時間，可以考慮先在香港考取駕駛執照後才出發去英國。

如果你打算到英國後轉換英國駕駛執照，離開香港前，請先準備以下文件：

一、國際駕駛許可證

雖然英國和香港有駕駛執照互換協議，擁有英國居留簽證的香港人，包括 BNO Visa 持有人，在居英第一年可以暫時使用香港駕駛執照在英國駕駛，不需要國際駕駛許可證。但考慮到，部分英國汽車租賃公司會要求海外駕駛執照持有人同時出示國際駕駛許可證，如果你只有香港駕駛執照，有很大機會無法租車或租車的選擇減少，加上申請國際駕駛許可證費用只需港幣 80 元，所以建議大家還是申請一張國際駕駛許可證傍身。申請的方法非常簡單，只要親身前往運輸處申請，即日便可以領取。不方便親身去運輸處的話，可以填一份授權書請家人代辦或以郵寄表格方式申請。

另外，網絡上有些說法，申請英國駕駛執照時需要提交香港駕駛執照正本，在申請期間，既沒有香港駕駛執照也沒有英國駕駛執照，可以先用國際駕駛許可證在英國駕駛。有這個想法是由於我們一直俗稱國際駕駛許可證為「國際牌」，但國際駕駛許可證並不是駕駛執照而是許可證（permit），法律上，我們不可以單單只手執國際駕駛許可證駕駛。你必須同時攜帶有效的駕駛執照，所以不建議大家在沒有駕駛執照的情況下，只使用國際駕駛許可證駕駛。

二、駕駛執照細節證明

這份證明顯示了你考取駕駛執照的記錄。由於香港的駕駛執照只顯示有效期，英國的駕駛及車輛牌照局（Driver and Vehicle Licensing Agency，DVLA）會假設你考取駕駛執照的日子，是你現有香港駕駛執照的有效期減去 10 年。如果你的駕駛執照是超過 10 年前考取，當你附上駕駛執照細節證明便可以把香港的牌齡帶到英國。最大的影響是購買汽車保險的費用可以大大減少。

至於牌齡少於 10 年，也建議申請駕駛執照細節證明，以防 DVLA 要求你證明你的駕駛執照是在香港考取，而不是在其他國家考取再轉換成香港駕駛執照，這時，你便可以馬上補交這份證明，不需要請求香港親友代你前往香港運輸署辦理，拖延申請進度。

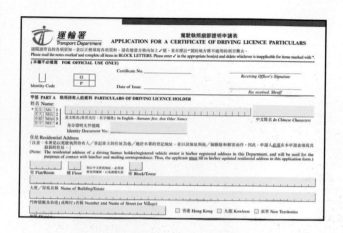

和申請國際駕駛許可證一樣，你可以親身到運輸處申請駕駛執照細節證明，即日可以領取。不方便親身去運輸處的話，同樣可以填一份授權書請家人代辦或以郵寄方式申請。因此，你可以在同一日一次過申請國際駕駛許可證及駕駛執照細節證明，節省時間。而駕駛執照細節證明的申請費用為港幣 160 元。

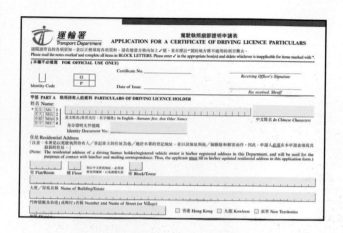

三、有效的香港駕駛執照

如果你的駕駛執照有效期將至，請謹記更新駕駛執照才出發前往英國。

四、證件相

雖然你可以在英國拍攝證件相，但當你人生路不熟，很有可能在很著急的情況下，偏偏找不到拍攝證件相的地方，所以建議大家帶少量證件相前往英國。

當你在英國有長期地址，便可以著手處理轉換英國駕駛執照的事宜，章節 7.2 會詳細講解抵英後轉換駕駛執照的步驟及注意事項。

4.4 再見了，香港：以 BNO Visa 入境英國流程

由決定移民開始，一路「過關斬將」到最後，終於要離開香港出發往英國。由香港出境至英國入境，究竟要隨身攜帶什麼重要文件？

一、BNO 護照及特區護照

香港政府於 2021 年宣布，不承認 BNO 護照為有效旅遊證件及身份證明。我們購買由香港出發英國的機票時，必須使用特區護照（或其他海外護照），所以出發當日，在香港機場辦理登機手續時，我們需要把特區護照交給地勤職員。因此除 BNO 護照外，我們也需要隨身攜帶特區護照。

二、BNO Visa Confirmation Letter（BNO 簽證確認信）/ BRP（生物識別居住證）

如果你是經 'UK Immigration:ID Check' App 申請 BNO Visa，你會收到一封電郵確認你成功申請簽證，該電郵列明簽證的有效期，我們需要列印這封電郵，入境英國時需要出示這封確認信，以證明你是以 BNO Visa 入境。如果你是在北角簽證中心登記指紋申請 BNO Visa，便需帶備 BRP。

三、住宿證明

住宿證明可以是酒店、Airbnb 或其他平台的住宿確認、也可以是你已經有永久地址或暫住在親友家中的證明。

四、結核病檢測證書

雖然英國入境人員未必會檢查結核病檢測證書，但也建議大家隨身攜帶，萬一需要檢查也不至於太狼狽。

五、ToR1 申請獲批通知信

如果你有就隨身行李申請 ToR1（免稅搬運個人物品），大家也可以列印 ToR1 申請獲批通知信。假如英國海關檢查你的行李，你便可以出示此通知信，避免英國海關向你隨身的貴重物品徵稅。

六、因應疫情而需要準備的文件。

雖然英國已全面取消因 2019 冠狀病毒病對入境英國的所有限制惜施。但由於疫情經常變化，不排除英國政府將來會改變入境限制，建議大家在出發前要經常留意入境英國最新措施及安排（相關官方網站：https://www.gov.uk/uk-border-control）。

上述的文件，主要需要在兩個地方展示。一是當你在香港機場辦理登機手續時，二是當你在入境英國的護照檢查櫃檯時。

在香港機場辦理登機手續時：

由於你以特區護照購買機票，因此你需要出示特區護照。如有需要，地勤人員會檢查因疫情而需要準備的文件，以確保你能夠順利入境英國。如果這些文件上有 BNO 護照號碼，地勤人員也會要求你出示 BNO 護照以核對身份。

當你在入境英國的護照檢查櫃檯時：

飛機降落後，前往護照檢查櫃檯前，通道將分開左右兩邊，一邊是「UK Passports」，另一邊是「All other passports」，即使你手持有效的 BNO 護照，都需要前往「All other passports」那邊辦理 BNO Visa 入境手續。到達護照檢查櫃檯，你需要先把 BNO 護照及 BNO 簽證確認信 / BRP 交給入境人員以表明你是以 BNO Visa 入境英國。如有需要，你也要把因應疫情而準備的文件及住宿證明交給入境人員檢查。

以 BNO Visa 入境英國，入境人員不會在你的護照上蓋章，入境人員掃描了你的護照便完成入境程序。

最後，雖然筆者和身邊朋友的經驗都沒有被要求出示結核病檢測證書，但入境人員是有權要求出示，所以入境英國時請把結核病檢測證書隨身攜帶。

第二部分
移英後生活指南

第五章
稅務部署篇

LoNdON

TELEPHONE

5.1 法定居民測試：
移英首年需要交稅嗎？

坊間有不少人誤解：「在一個稅務年度，居英不足 183 日，有關稅務年度便不需要交稅。」其實這個說法是不正確的。我們需要通過英國官方的 Statutory Residence Test（法定居民測試，SRT），來評定自己在什麼時候成為英國法定居民，需要為海外收入交稅。

在解說 SRT 前，先分享一些英國稅務的基本資料。與香港不同，英國的稅務年度是每年的 4 月 6 日至下一年的 4 月 5 日。而大部分受僱人士並不需要為工作收入報稅，因為受僱人士的所得稅通常以 Pay As You Earn（所得稅預扣制，PAYE）系統，直接從月薪中扣除，即僱主從員工月薪中扣除所得稅及國民保險，直接上繳政府，你每月領取的報酬是除稅後的收入。至於沒有經 PAYE 系統的收入，包括自僱人士、公司合夥人、任何海外收入或投資收入，便需要進行 Self Assessment （自我評稅）。

登記自我評稅需要在稅務年度完結後的 10 月 5 日前完成。而遞交自我評稅表，有兩種形式可以選擇，分別為紙本或線上遞交。若以紙本遞交，限期為稅務年度完結後的 10 月 31 日前。而線上遞交則是稅務年度完結後的 1 月 31 日前。而繳交相關稅款的限期也是稅務年度完結後的 1 月 31 日前。

以 2021 年 4 月 6 日至 2022 年 4 月 5 日這一個稅務年度為例：

你需要在 2022 年 10 月 5 日前，登記自我評稅。並於 2022 年 10 月 31 日前以紙本形式遞交自我評稅表，或 2023 年 1 月 31 日前以線上形式遞交自我評稅表。相關稅款須於 2023 年 1 月 31 日前繳交。

有關繳納英國稅項，有一點大家需要注意，不論你是否已經成為英國法定居民，所有在英國境內產生的收入均需要繳交英國稅。假設你一到步英國，翌日便找到工作，你在英國的薪酬同樣需要交稅，並不是成為英國法定居民才需要交稅。

同樣，自僱人士的收入若在英國境內產生，你便需要就相關收入提交自我評稅。假設你抵達英國後，以自僱身份工作，在第一個稅務年度，你仍未成為英國法定居民。由於你不是英國法定居民，你可以不需要為海外收入交稅，但你需要為在英國境內自僱所帶來的收入交稅。因此即使你未成為英國法定居民，第一個稅務年度你仍需要就自僱的收入登記及遞交自我評稅表。除工作的收入外，其他在英國境內產生的投資收入，不論你是否英國法定居民，同樣需要登記及遞交自我評稅表。

了解 SRT，對於新移民英國的人士而言，主要是用作評定有關稅務年度是否需要為海外收入交稅。正如前文所言，並不是居英滿 183 日才成為英國法定居民。居英滿 183 日只是 SRT 的其中一個測試。但 SRT 中有很多不同的測試，如果滿足測試中的一些條件，你便有機會在居英滿 183 日前已經成為英國法定居民，需要為海外收入交稅。

SRT 包含 3 個主要測試：Automatic overseas tests、Automatic UK tests 及 Sufficient ties test。你需要按照先後次序進行測試。以下和大家詳解測試的細節。

I. Automatic Overseas Tests 詳情

「Automatic overseas tests」需要考慮三個情況，官方分別命名為「first automatic overseas test」、「second automatic overseas test」及「third automatic overseas test」。你只需要符合三個情況中的任何一個情況，便不需要再進行其他測試，自動成為「Non-UK resident」（非英國法定居民），即不需要在該稅務年度就海外收入交稅。

「**first automatic overseas test**」的情況是指你在本稅務年度對上的三個年度，有其中一個或多於一個年度是英國法定居民，但你在本稅務年度，逗留英國少於 16 日。如果你符合這個情況，你便是 Non-UK resident。由於此情況涉及最近三年曾經是英國法定居民，對於絕大部分持 BNO Visa 移民英國的人士應該不符合這個情況。

「**second automatic overseas test**」的情況是指你在本稅務年度對上的三個年度，沒有任何一個年度是英國法定居民，以及你在本稅務年度，逗留英國少於 46 日。若你符合這個條件，你便是 Non-UK resident。這情況有機會與持 BNO Visa 移民英國的人士有關。假設你一直在香港居住，過往三個稅務年度均不是英國法定居民，而你在 2 月 20 日以後入境英國，由於你在本稅務年度逗留英國日數少於 46 日，因此你便是 Non-UK resident，不需要在該稅務年度為海外收入交稅。

「**third automatic overseas test**」的情況是指你在本稅務年度在海外有<u>**全職工作**</u>，沒有<u>**長假期**</u>，而在英國逗留少於 91 日，並在英國的<u>**工作日**</u>少於 31 日。這個情況比較複雜，英國官方亦就當中的字眼提供定義及解釋。

「**全職工作**」（**Full time work**）即在一個稅務年度，平均每週工作時數最少要達到 35 小時，當中的計算不包括一些特定日子及就業空窗期。而英國官方甚至創造出一條算式來計算，你是否達到海外全職工作的要求。算式涉及五個步驟，有需要的朋友可以前往相關網址查閱（https://www.gov.uk/hmrc-internal-manuals/residence-domicile-and-remittance-basis/rdrm11150）。

「**長假期**」（**Significant break**）則指 31 日或以上的假期，當中沒有任何一日需要工作超過 3 小時或正在放年假、病假或育兒假 。而「**工作日**」（**Working day**）是指工作超過 3 小時的日子。

Automatic Overseas Tests

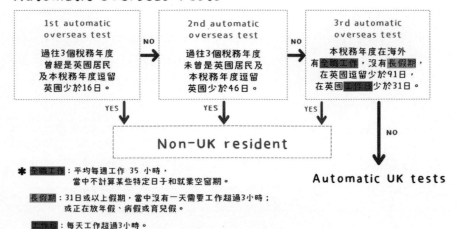

1st automatic overseas test	**2nd automatic overseas test**	**3rd automatic overseas test**
過往3個稅務年度曾經是英國居民及本稅務年度逗留英國少於16日。	過往3個稅務年度未曾是英國居民及本稅務年度逗留英國少於46日。	本稅務年度在海外有全職工作，沒有長假期，在英國逗留少於91日，在英國工作日少於31日。

NO → NO →

YES ↓ YES ↓ YES ↓

Non-UK resident

NO ↓

Automatic UK tests

✱ **全職工作**：平均每週工作 35 小時，
　　當中不計算某些特定日子和就業空窗期。

長假期：31日或以上假期，當中沒有一天需要工作超過3小時；
　　或正在放年假、病假或育兒假。

工作日：每天工作超過3小時。

如果你不符合任何一個「Automatic Overseas Tests」的情況，你便需要進行「Automatic UK Tests」。

II. Automatic UK tests 詳情

「Automatic UK tests」同樣地需要考慮三個情況，官方分別命名為「first automatic UK test」、「second automatic UK test」及「third automatic UK test」。不同的是，在「Automatic UK tests」中，如果你符合三個情況中的任何一個情況，這次你會自動成為 UK resident（英國法定居民）。換言之，你需要在該稅務年度就海外收入交稅。

「**first automatic UK test**」的情況是指你在本稅務年度在英國逗留 183 日或以上。換言之，在英國逗留 183 日或以上你便一定是 UK resident。但逗留少於 183 日，需視乎 SRT 其他測試，才能評定你是否 Non-UK resident。因此，再提醒大家一次「居英未滿 183 日，有關稅務年度不用在英國交稅。」的說法是不正確！

「**second automatic UK test**」的情況是指你擁有英國**居所**連續 91 日或以上，並且其中最少有 30 日是本稅務年度。而你在英國居所逗留最少 30 日。此時，你沒有海外居所或即使你擁有海外居所，你在海外居所逗留少於 30 日。

若要理解「second automatic UK test」，必須要知道**「居所」（Home）**的定義。英國官方就「居所」提供的定義是：「『居所』可以是建築物或建築物的一部分、車輛、船隻或任何類型的結構，而當你使用『居所』時，需具有一定程度的永久性或穩定性。」基於以上定義，如果你前往英國初期，過渡性質在酒店暫住 1-2 個月，由於這是臨時性質，並不具有永久性及穩定性，因此過渡性質居住的酒店並不屬於「居所」。

另一個香港朋友常見的問題是關於投資的物業，假設你在英國已經購買了一個單位，但該單位已經租給別人或丟空等升值，由於你沒有使用單位作為「居所」的用途，因此不屬於「居所」。知道「居所」的定義後，便可以把「second automatic UK test」分開三個條件。

「second automatic UK test」的三個條件

第一個條件，你擁有英國居所連續 91 日或以上，並且其中最少有 30 日是在本稅務年度。所以當你在英國有居所（不論是租或買的單位），而你擁有居所使用權 91 日或以上，即使這 91 日或以上橫跨多於一個稅務年度，但當中有最少有 30 日是在本稅務年度你便符合「second automatic UK test」的第一個條件。

以下舉一個例子讓大家更易理解：Michelle 在 2022 年 3 月 1 日開始租約，擁有英國居所。而租約期為 1 年，直至 2023 年 2 月 28 日。這個情況下，Michelle 擁有該租住單位使用權 365 日，即 91 或以上，而在 2021-2022 的稅務年度，租約當中的 2022 年 3 月 1 日至 2022 年 4 月 5 日是在 2021-2022 的稅務年度，超過 30 日。因此 Michelle 在 2021-2022 稅務年度滿足了「second automatic UK test」的第一個條件。

第二個條件，在英國居所逗留最少 30 日。當你符合第一個條件，擁有一個英國居所，而你在該稅務年度於居所逗留 30 日或以上，便符合「second automatic UK test」的第二個條件。不論時間長短，只要你踏足過居所，便是「逗留」。

以剛才 Michelle 的例子，租約當中由 2022 年 3 月 1 日至 2022 年 4 月 5 日是屬於 2021-2022 稅務年度，如果 Michelle 在租約第一日 3 月 1 日開始入住，直至同年 4 月 5 日每日都居住在該單位，那麼在 2021-2022 稅務年度，Michelle 在她的英國居所逗留了 36 日，滿足「second automatic UK test」的第二個條件：在英國居所逗留 30 日或以上。

但是有一個例外情況，雖然 3 月 1 日開始租約，但 Michelle 4 月 1 日才搬進該單位，其中 3 月 1 日至 3 月 31 日沒有前往該單位，在 2021-2022 稅務年度，Michelle 只是由 2022 年 4 月 1 日至 2022 年 4 月 5 日逗留在該單位，不超過 30 日。這個情況下，Michelle 在 2021-2022 稅務年度便不滿足「second automatic UK test」的第二個條件。

第三個條件，在擁有英國居所的同時，你沒有海外居所或若擁有海外居所，在海外居所逗留少於 30 日。這個條件是你只有英國居所而沒有海外居所，或如果你擁有海外居所，你在海外居所逗留少於 30 日，便滿足「second automatic UK test」的第三個條件。

如果你在一個稅務年度，三個「second automatic UK test」的條件均滿足，即代表你符合「second automatic UK test」，你便是 UK resident。如果三個條件中，有其中一個不滿足，便不符合「second automatic UK test」，你便需要進行「third automatic UK test」。

「**third automatic UK test**」的情況是指在任何 365 日內，你在英國每周工作最少 35 小時，並且沒有長假期。而有超過 75% 的工作日在英國工作，及在本稅務年度最少有 1 日在英國工作。

「third automatic UK test」和「third automatic overseas test」，所用的字眼，包括「全職工作」、「長假期」和「工作日」的定義和解釋均是相同。但「third automatic UK test」是以任何 365 日作為評估，當中可以橫跨多於一個稅務年度，基於這個評估標準，我們可以把「third automatic UK test」分開三個條件。

「third automatic UK test」的三個條件
第一個條件，在任何 365 日期間，你在英國擁有全職工作。同樣地，英國官方就英國全職工作創造了一條涉及五個步驟的算式來計算，有需要的朋友可以前往相關網址查閱（https://www.gov.uk/hmrc-internal-manuals/residence-domicile-and-remittance-basis/rdrm11380）。
第二個條件，在這 365 日期間，有超過 75% 的日數，即 274 日或以上，你在英國工作超過 3 小時。
第三個條件，在這 365 日期間，最少有 1 天在英國的工作日是屬於本稅務年度。當你同時滿足以上三個條件，你便符合「third automatic UK test」，成為 UK resident。

如果你是三個「Automatic UK tests」的情況均不符合，便需要進行「Sufficient ties tests」，才可以評定你是否英國法定居民。

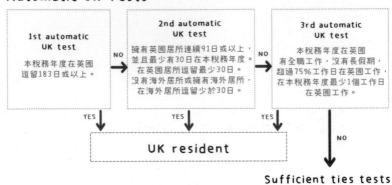

III. Sufficient ties tests 詳情

「Sufficient ties tests」中有 5 個連繫條件，其中「country tie」（國家連繫）是移出英國的人士才需要考慮，與我們移入英國無關，所以本文不會就此著墨。而餘下四個連繫條件，分別為：「family tie」（家庭連繫）、「accommodation tie」（住宿連繫）、「work tie」（工作連繫）和「90 day tie」（90 天連繫）。

當我們進行「Sufficient ties tests」時，我們需要計算自己符合多少個連繫條件以及在該稅務年度逗留英國的日數。以下先和大家了解不同連繫條件的定義，你可以先看看自己符合當中多少個連繫條件。

「**family tie**」是指如果你的配偶、法定伴侶、同居伴侶或 18 歲以下子女,任何一人是英國法定居民。

「**accommodation tie**」是指本稅務年度,你在英國擁有一個可以居住的地方連續超過 91 日或以上,並在該地方逗留 1 日或以上。「accommodation tie」中強調的是「一個可以居住的地方」(a place to live)而不是「居所」(home),因此跟「second automatic UK test」不同,「accommodation tie」是包括酒店或 Airbnb 等臨時住宿性質的地方。如果你居住於近親的英國家中,包括父母、祖父母、兄弟姊妹或 18 歲或以上子女的家中,則可以逗留 16 日或以上,才符合「accommodation tie」。

「**work tie**」是指本稅務年度,在英國工作超過 40 日,每日工作多於 3 小時。

「**90 day tie**」是指過往兩個稅務年度,其中一年或兩年,逗留在英國超過 90 日。

如果你在本稅務年度，逗留英國 46-90 日，你需要四個連繫條件均符合，才是 UK resident，符合少於四個連繫條件則是 Non-UK resident。若逗留在英國 91-120 日，你需要符合三個或以上連繫條件，才是 UK resident，符合少於三個連繫條件則是 Non-UK resident。最後，如果你在本稅務年度，逗留英國 121-182 日，你符合兩個或以上連繫條件，便是 UK resident，符合少於兩個便是 Non-UK resident。

在英國 逗留的日數	沒有或 一個連繫條件	兩個連繫條件	三個連繫條件	四個連繫條件
46-90日	非英國 法定居民	非英國 法定居民	非英國 法定居民	英國法定居民
91-120日	非英國 法定居民	非英國 法定居民	英國法定居民	英國法定居民
121-182日	非英國 法定居民	英國法定居民	英國法定居民	英國法定居民

完成了 SRT，你可以知道自己是不是英國法定居民，是否需要在有關稅務年度為海外收入交稅。如果你從 SRT 評定出自己是英國法定居民，是否代表整個稅務年度的海外收入均需要交稅呢？這裡涉及 Split Year Treatment（分年稅務處理）。簡單而言，當你移入英國的首年，可以把稅務年度分為兩個部分：「non-resident part」（非居民部分）和「resident part」（居民部分）。你只需要就「resident part」期間的海外收入交稅。有關 Split Year Treatment，下一篇文章會詳細講解。

如果你不想自己的海外收入太早跌入英國稅網，你亦都可以考慮申請
「Remittance Basis」（匯款基礎制），即你只需要就匯入英國的海外收
入交英國稅，沒有匯入英國的海外收入便不用交稅。但申請「Remittance
Basis」會失去個人入息免稅額及資產增值免稅額，並且由第 8 個稅務年
度開始你需要繳交年費（30,000-60,000 英鎊）。「Remittance Basis」
是一個相對複雜的稅制，有需要的朋友可以在英國官方網站了解更多詳
情（https://www.gov.uk/hmrc-internal-manuals/residence-domicile-and-
remittance-basis/rdrm30005）

英國的稅制相較香港複雜，如你有任何問題，建議向專業的稅務顧問查
詢。

英國官方就 Statutory Residence Test 的指引：
https://www.gov.uk/government/publications/rdr3-statutory-residence-test-
srt/guidance-note-for-statutory-residence-test-srt-rdr3

5.2 分年稅務處理：
移英前的收入需要交稅嗎？

上一篇文章分享了利用 Statutory Residence Test（法定居民測試，SRT），評定你由哪一個稅務年度開始需要就海外收入交稅。若你在移英首年便成為英國法定居民，你可能會有以下疑問：是不是整個稅務年度的海外收入也需要交稅？同一個稅務年度，抵達英國前的收入是否需要交稅？

當你移民進入英國，只要符合特定條件，你可以把第一個納稅年度的海外收入分為「non-resident part」（非居民部分／海外部分）和「resident part」（居民部分／英國部分），你只需要為「non-resident part」的收入交稅，這個做法稱為「Split Year Treatment」（分年稅務處理）。

若要申請 Split Year Treatment，你必須符合當中八個情況的其中一個或多個情況。這八個情況同時可用作界定「non-resident part」和「resident part」的時間點。換言之，上一篇文章提到的 SRT 只是用作評定你在移英後的第一個稅務年度是否需要就海外收入交稅，至於由哪一天開始的海外收入需要交稅，便要根據以下 Split Year Treatment 的八個情況來作出判斷：

Case 1：在海外開始全職工作
Case 2：在海外開始全職工作人士的伴侶
Case 3：不再在英國擁有居所
Case 4：開始只在英國擁有居所
Case 5：在英國開始全職工作
Case 6：停止在海外全職工作
Case 7：停止在海外全職工作人士的伴侶
Case 8：開始在英國擁有居所

八個情況中，Cases 1-3 是關於移離英國的人士，因此移民入英國人士只需要考慮八個情況中的 Cases 4-8。而 Case 6 是適用於過往五個稅務年度曾經是英國法定居民，停止海外全職工作後返回英國的人士。Case 7 則適用於符合 Case 6 的伴侶。一般以 BNO Visa 移民英國的人士，大部分是首次移入英國，非返回英國，因此 Cases 6 和 7 本文不會著墨討論。

餘下的 Cases 4、5 及 8，你符合有關情況的第一日，便是你在該稅務年度「resident part」的第一日，由那一天開始，你的海外收入便要開始在英國交稅。以下會詳細解説 Cases 4、5 及 8。

Case 4 和 Case 8 詳情

先討論 Case 4 和 Case 8，這兩個情況均涉及「在英國擁有居所」（have a home in the UK）。這裡有關「居所」（Home）的定義和 SRT 相同：「『居所』可以是建築物或建築物的一部分、車輛、船隻或任何類型的結構，而當你使用『居所』時，需具有一定程度的永久性或穩定性。」

查看相關條文，Case 4 和 Case 8 之間主要有三個分別：第一，Case 4 要求個人只有在英國擁有居所，不能在海外擁有居所，而 Case 8 只規定在英國擁有居所，海外是否擁有居所並不重要。第二，Case 8 要求個人在申請 Split Year Treatment 的稅務年度及下一個稅務年度在英國擁有居所，Case 4 則沒有提及下一個稅務年度在英國是否擁有居所。第三，Case 8 要求個人在下一個稅務年度為英國法定居民，Case 4 無提及下一個稅務年度英國法定居民身份。

總括而言，當你移英後，開始在英國擁有居所，同時已經沒有海外居所，你便符合 Case 4 的情況，可以申請 Split Year Treatment，而在擁有英國居所的第一天開始才需要為海外收入交稅，在同一稅務年度，未擁有英國居所前的海外收入便不需要為海外收入交稅。

但如果你移英後，在英國和海外同時擁有居所，若你希望申請 Split Year Treatment，你必須確保下一個稅務年度在英國擁有居所及下一個稅務年度你是英國法定居民，才可以符合 Case 8 的情況。若符合 Case 8 的情況，擁有英國居所的第一天開始，你需要為海外收入交稅，在同一稅務年度，未擁有英國居所前的海外收入則不需要交稅。

以下舉兩個例子向大家說明。

例子一：

Michelle 在 2021 年 5 月 27 日成功把香港的物業放租。及後於 2021 年 6 月 1 日移民抵達英國，過渡性質住在酒店。找到適合租住的單位後，租約期由 2021 年 7 月 1 日開始。假設 Michelle 於 2021-2022 年度為英國法定居民，Michelle 需要就 2021 年 7 月 1 日開始的海外收入交稅。這是基於 Split Year Treatment 的 Case 4 —「開始只在英國擁有居所」。

由於 Michelle 抵達英國前已將香港物業出租，香港的物業沒有作為居所用途，所以 Michelle 並沒有擁有海外居所。當她開始在英國租屋的第一天，即 7 月 1 日，Michelle 只有在英國擁有居所，由這一天開始，便屬於納稅年度「resident part」的第一日，所以 7 月 1 日開始，Michelle 的海外收入便要交稅。

例子二：

Michael 在香港和英國同時擁有一個物業。Michael 一直居住在香港，香港的物業是他的居所，而英國的物業則一直放租作為投資用途。後來，Michael 決定移民英國，但因工作關係，預計每年仍會有部分時間留在香港，所以他保留香港的物業，沒有出售或放租，而是繼續作為居所用途。

2021 年 8 月 4 日，Michael 收回英國放租的物業，並在同一日開始居住在這個物業，作為居所用途。假設 Michael 於 2021-2022 年度為英國稅務居民，Michael 需要由 2021 年 8 月 4 日開始就海外收入報稅。這是基於 Split Year Treatment 的 Case 8 ——「開始在英國擁有居所」。Michael 在 8 月 4 日開始擁有英國居所，由那一天起，就是屬於納稅年度「resident part」的第一日，所以 8 月 4 日開始，Michael 的海外收入便要交稅。

Case5 詳情

接著我們討論 Case 5 ──「在英國開始全職工作」。這裡全職工作的定義和 SRT 中的「third automatic UK test」中對全職工作的定義是相同，即以任何 365 日作為評估（當中可以橫跨多於一個稅務年度），你在英國每週最少工作 35 小時，沒有長假期。而這 365 日中，有超過 75% 的日數，工作時數超過 3 小時，並且在本稅務年度有最少一天在英國工作超過 3 小時。若你不肯定你在英國的工作是否屬於全職工作，你可以利用英國官方的算式作評估。（https://www.gov.uk/hmrc-internal-manuals/residence-domicile-and-remittance-basis/rdrm11380）。 以下分享一個關於 Case 5 的例子。

例子三：

Mitch 在 2021 年 5 月 20 日移民抵達英國，暫時寄宿於英國的親戚家中。後來，Mitch 找到一份兼職倉務員的工作，由 2021 年 6 月 10 日開始上班，每星期工作 20 小時，每天工作 5 小時。由於工作表現良好，2021 年 8 月 5 日，Mitch 轉為全職員工，每星期工作 40 小時。

在 Mitch 這個例子中，雖然 6 月 10 日至 8 月 5 日這 8 個星期裡，Mitch 每星期只需工作 20 小時。但其實 Mitch 在 6 月 10 日開始，便已經需要為海外收入交稅。這裡涉及英國全職工作時數的算式。

由 6 月 10 日開始的 365 日，Mitch 總工作時數除以工作日數，平均每星期工作時數已經超過 35 小時，而且每個工作日的工作時數均超過 3 小時，因此，在稅務層面上，Mitch 是 6 月 10 日在英國開始全職工作。假設 Mitch 於 2021-2022 年度為英國稅務居民，Mitch 需要由 2021 年 6 月 10 日開始就海外收入交稅。

上文所舉的三個例子，每個例子均只涉及一個 Case，但在同一個稅務年度，我們有機會符合多於一個 Case。例如 Mitch 在同一個稅務年度，找到適合租住的單位後，搬離親戚的家，開始在英國擁有自己的居所，這樣 Mitch 在同一個稅務年度，便會同時符合 Case 5 以及 Case 4 或 Case 8。當同時符合多於一個情況，我們需以最早符合的情況作為「non-resident part」和「resident part」的時間點分界。

假設 Mitch 在 6 月 10 日後擁有英國居所，由於他在英國開始全職工作早於擁有英國居所，所以他仍然需要就由 2021 年 6 月 10 日開始的海外收入交稅。但如果 Mitch 在 6 月 10 日前擁有英國居所，由於他擁有英國居所早於在英國開始全職工作，所以他需要就由擁有英國居所當日開始的海外收入交稅。

至於要申請 Split Year Treatment，大家只需要登記自我評稅時，遞交 SA109 表格申請即可。

英國的稅制相較香港複雜，如你有任何問題，建議向專業的稅務顧問查詢。

英國官方就 Split Year Treatment 的指引：https://www.gov.uk/hmrc-internal-manuals/residence-domicile-and-remittance-basis/rdrm12000

第六章
精明生活篇

LoNDON

TELEPHONE

6.1 基本開支預算：
公開英國生活 Utility Bill

英國生活指數高是眾所周知，本文會和大家分享筆者在英國生活每月實際的 Utility Bill（公用服務賬單費用），希望可以給大家作為一個參考。

首先交代筆者一些背景資料，筆者和另一半兩個人租了倫敦非中心範圍的一房公寓（One Bedroom Apartment）。由於是租屋，雖然屋苑有管理處（Concierge）以及健身室，但業主負責繳交管理費。而除了衣、食、行及租金以外，每個月賬單，包括：水費、電費、煤氣費、上網費、電話費、市政稅（Council Tax）及電視牌照費（TV Licence），以上七種費用，基本上是每個在英國居住的家庭都需要繳交，是英國最基本的 Utility Bill。

由 2022 年 4 月 1 日起，公用服務賬單價格提升，加上通脹，物價上升，大家可以預計到在英國的生活成本壓力將會愈來愈大。以筆者自己為例，與在香港居住時對比，英國每月水、電和煤氣的支出大約等於香港一季 （3 個月） 的費用；即是在英國一年的費用，等於在香港一年的三倍。根據《The Guardian》 （英國衛報） 的報導，4 月 1 日起，英國能源 (包括：電、煤) 價格會上升 54%、水費上升 2%、Council Tax 上升 4%，可以預計到未來一年在英國的生活支出會更加高昂。

筆者相信大部分香港人選擇移民，都一定不會只考慮生活成本，但希望大家可以來英國之前有心理準備，對基本的生活支出有所預算。

電費

在眾多 Utility Bill 支出之中，首先談到電費。英國和香港不同，在英國，你有權選擇最合心意或最划算的電力和煤氣的供應商。筆者使用的是「Octopus Energy」，它是筆者居住區域最便宜的電力供應商。在公開賬單之前，先和大家分享筆者採用的計劃，讓大家了解一下到底英國的能源費用，包括電費及煤氣費，是如何收費。

第一是「Tariff」，即是收費模式。能源公司一般會向顧客提供兩種收費模式：Fixed 或 Standard Variable。Fixed 是指在合約期內，固定使用每一單位能源的價格，而不受市場能源價格波動影響，而 Standard Variable 就是因應市場上的能源價格而收費。除非能源價格突然持續下跌，否則，一般而言 Fixed 會比 Standard Variable 便宜。而筆者就是採用 Fixed 的收費模式。

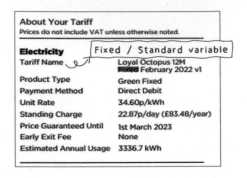

第二是能源費用。一般包含兩個費用：Unit Rate 及 Standing Charge。Unit Rate 即是你每使用一個單位能源的費用。以筆者的電費計劃為例，Unit Rate 是 34.6p/kWh，即是筆者每使用 1kWh 的電就要支付 34.6 便士。而 Standing Charge 是一個維護和行政費用，以每日計算。即使你有幾天去了旅行完全不在家，沒有使用任何能源，你還是需要繳付 Standing Charge。以筆者的電費計劃為例，Standing Charge 就是 22.87 便士一日。

About Your Tariff
Prices do not include VAT unless otherwise noted.

Electricity

Tariff Name	Loyal Octopus 12M Fixed February 2022 v1
Product Type	Green Fixed
Payment Method	Direct Debit
Unit Rate	34.60p/kWh
Standing Charge	22.87p/day (£83.48/year)
Price Guaranteed Until	1st March 2023
Early Exit Fee	None
Estimated Annual Usage	3336.7 kWh

第三是提早終止合約費用。一般使用 Fixed Tariff 都會和能源公司簽一個合約期，以綁定固定價格，大多數是 12 或 24 個月。有部分合約規定如果提早申請完約轉到另一間公司，就要繳付提早終止合約費用，筆者採用的電費計劃就沒有這個收費。

另外，剛才提及的費用是未包括 VAT（增值稅）。電費和煤氣費都需要支付 5% 的增值稅。

現在就和大家公開筆者電費賬單。在 2022 年 3 月，正常用電情況下，總共用電 151.4 kWh，加上 Standing Charge 以及 VAT，總電費就是 62.5 英鎊一個月。由於這個已經是加了價的計劃，所以預計 2022 年隨後的月份，筆者要交的電費都是大約這個數。

Loyal Octopus 12M Fixed (1st March 2022 - 31st March 2022)		
Energy Charges		
1st Mar 2022	10117.6 Smart meter reading	
31st Mar 2022	10269.0 Customer reading	
Energy Used	151.4 kWh @ 34.60p/kWh	£52.39
Standing Charge	31 days @ 22.87p/day	£7.09
Subtotal of charges before VAT		£59.48
VAT @ 5.00%		£2.98
Total Electricity Charges		**£62.46**
Total charges for bill		~~£62.46~~

煤氣費

了解完電費，就了解煤氣費。煤氣費主要就是暖氣、熱水及煮食爐，一般收費計劃都與電費計劃差不多，大家可以選擇一間最抵用的供應商。不過，筆者的個案就有些不同，筆者是住在比較新式的大廈，全屋都是用電，沒有使用煤氣。例如：煮食是用電陶爐，所以是包入電費中。而暖氣及熱水是用大廈本身的 Central Heating（中央供暖）系統，以電力提供地暖及熱水，換言之，一定要使用大廈選擇的能源供應公司。

筆者的大廈是用 Switch2 電力公司，雖然每單位熱力只是 8 便士，但它的 Standing Charge 就要 1 英鎊一日，一個月 31 日就要 31 英鎊。即是就算筆者完全不用熱水、暖氣，每個月都最少要支付 31 英鎊。所以如果可以選擇，在選擇能源公司時，記得看清楚 Standing Charge 的收費。

Description	From	To	Units	£ Per Unit	VAT Rate	Charge £ Ex. VAT
Metered Charges						
Heat	02/03/22 - 01/04/22 13546A	13807A	261kWh	0.08848	5.0%	23.09
Other Charges						
Standing Charge	02/03/22 - 01/04/22		31days	1.01440	5.0%	31.45
			Total Charges Excluding VAT			54.54
			Total VAT @ 5.0% on £54.54			2.73
			Total Amount			

如果你用電 / 煤氣量大或者家庭人數多的話，就可以選擇 Unit Rate 低、但 Standing Charge 高的計劃。但如果你家庭人數不多、用電 / 煤氣量少的話，就最好選擇 Standing Charge 低、Unit Rate 高的計劃。最好當然就是找到 Standing Charge 與 Unit Rate 都低的計劃。雖然實際上沒有使用煤氣，但筆者把大廈公用電費當作煤氣費，大約 57 英鎊一個月。由於 Unit Rate 低，筆者預計冬天與夏天賬單不會有太大分別，應該只相差 15 英鎊左右。

水費

至於水費，與電 / 煤氣不同，用戶不需要支付 VAT 及不可以隨意挑選供應商。每間供水公司負責為特定區域供水及處理污水，不過水、排污費同樣有 Fixed Charge 作為維護及行政費用，筆者每月的水費大約 27.5 英鎊一個月。

Your water charges			
Clean water	m²	Rate	Charge
Usage 01/03/2022 - 31/03/2022	10.00	£1.0502	£10.50
Fixed charge 01/03/2022 - 31/03/2022			£2.40
Waste water	m²	Rate	Charge
Usage 01/03/2022 - 31/03/2022	10.00	£0.9051	£9.05
Fixed charge 01/03/2022 - 31/03/2022			£5.55
Total water charges			**£27.50**

Council Tax 及 TV Licence

而每個月最大的支出，就是 Council Tax。這筆費用是給地方政府用作提供警察 / 消防服務、興建休閒設施、垃圾收集以及道路維護等等。無論你居住的單位是買還是租，都要交 Council Tax。每個居住單位要交的 Council Tax 都不同，費用多少是基於房產價值及居住區域。2021-2022 年度，筆者單位一年的 Council Tax 是 1,745 英鎊，平均每月 145 英鎊。而新一個年度加價 4%，即是一年 1,815 英鎊。不過 2022 年由於能源費用上升，政府發放一次性 150 英鎊 Council Tax 折扣給 8 成英國家庭，算是減輕一點大家的負擔。如果扣除 150 英鎊折扣，平均每月 Council Tax 支出便是 138 英鎊。

另外就是 TV Licence。在英國，BBC 的頻道是沒有廣告收入，以維持獨立及公正性，它的營運開支是依靠收取電視牌照費。不過除了看 BBC 或者 BBC iPlayer 外，用任何裝置收看任何直播電視節目都要交 TV Licence。TV Licence 每年 159 英鎊，一個月平均 13.25 英鎊。如果你真的沒有觀看任何 BBC 節目或者其他直播節目，你可以申請取消 TV Licence。不過要留意他們有機會上門調查，如果查到你有看節目但沒有交電視牌照費，便需要罰款 1,000 英鎊。

電話費及上網費

最後就是電話費及上網費。電話與上網服務筆者都是用 3UK，電話費筆者是經現金回贈計劃網站 TopCashback 購買（可參閱下一章），7 英鎊一個月有 8GB 5G Data，再扣回 30 英鎊現金回贈，平均一個月 4.5 英鎊，兩個人就是 9 英鎊一個月。而家居上網費用就是 25 英鎊一個月

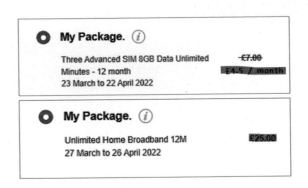

這裡總結一下筆者每月 Utility Bill 的支出。一個月總支出要 333.23 英鎊，折合大約 3,300 港幣，這個數只是給大家一個參考，因為 Utility Bill 費用非常取決於家庭人數、居住的區域、能源使用量等等，不能一概而論。

每月 Utility Bill 支出	
水費及排污費	£27.50
電費	£62.46
中央供暖 (煤氣)	£57.27
手提電話費	£9.00(2 人)
上網費	£25.00
Council Tax	£138.75
TV Licence	£13.25
每月總費	**£333.23**

6.2 網購慳錢攻略：
現金回贈網站邊買邊賺

英國的網上購物及物流系統非常完善，你可以在網上購買到任何產品，足不出戶便能滿足生活所需。要精明消費，你可以通過現金回贈計劃網站在網上購物，當你購物完成，網站便會把現金獎賞回贈到你的賬戶內。

英國有大大少少的這類型網站，其中 TopCashback 是英國最大的現金回贈計劃網站，全球有超過 2 千萬註冊用戶，而英國 TopCashback 便有超過 5,000 個合作商戶，經英國 TopCashback 在這些品牌及商戶的網上平台購物，你便可以賺取現金回贈。當中包括：LOOKFANTASTIC、iHerb、Mattress Online、Selfridges、ASOS、eBay、Boots、Tesco、Sainsbury's Groceries、Argos、Currys、UNIQLO、Marks & Spencer 等等，基本上，能說出名字的大型網購商戶，也可以通過 TopCashback 賺取現金回贈，涵蓋健康、美容、時尚、旅遊、超級市場、家品電器等等。

仍在香港的讀者，也可以通過 TopCashback 在英國網站購物賺取現金回贈。而即將出發前往英國的讀者，透過英國 TopCashback 在 Agoda、Expedia、Booking.com 或 Hotels.com，預訂機票、酒店、火車票或租車自駕，便可率先賺取現金回贈。

TopCashback 的使用方法很簡單。基本上和我們平常在網上購物一樣，唯一不同是你需要在購物前做多一個步驟 ── 經 TopCashback 網站進入你需要網購的網站。

大家需要先註冊一個 TopCashback 賬戶。註冊方法只需輸入電郵電址及設定密碼便可。若你於 2022 年 12 月 31 日前，透過 https://www.topcashback.co.uk/cnmisc 登記成為新會員，登記後 3 個月內成功賺取一次現金回贈，便可額外賺取 10 英鎊現金回贈，詳情請參閱網站內的條款及細則。

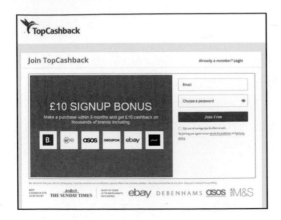

有了 TopCashback 賬戶，當你需要在網上購物時，只要先登入 TopCashback 網站，搜尋你需要購物的商戶，點擊頁面內的「Get Cashback Now」的桃紅色按鈕，系統便會自動導向到有關商戶的網上平台，只要在同一頁面購物消費便能賺取現金回贈。

大家在 TopCashback 賺到的現金回贈，可以經銀行轉賬直接入賬到你的銀行戶口或 Paypal 戶口。除了直接提取現金外，你亦可以選擇把賺到的現金回贈換成英國航空 Avios 積分（英航里數計劃），如果換成 Avios 積分，會有額外 5% 積分贈送。但筆者更推薦大家把賺取到的現金回贈兌換成超級市場現金券，在 TopCashback 兌換超級市場現金券，會有額外金額贈送。例如：兌換 Tesco 現金券，便有 5% 金額贈送，若你賬戶內有 500 英鎊現金回贈，把它兌換成 Tesco 現金券，加上 5% 的金額贈送，最終能換到 525 英鎊的現金券，額外多賺了 25 英鎊。

這裡和大家分享筆者的一位朋友使用 TopCashabck 的經驗。筆者的朋友抵達英國後，便跟筆者說他在網上看到 3UK 電訊網絡供應商的 5G 月費計劃，月費 11 英鎊便有 8GB 數據，而且只需簽約 12 個月，他詢問筆者此計劃是否划算。筆者建議他先在 TopCashback 網站看看申請電話月費計劃會不會有現金回贈。後來，他告訴筆者在 TopCashback 網站上看到，同樣一間電訊供應商，一樣的計劃，包括：5G 計劃、8GB 數據、簽約 12 個月、無限電話分鐘、無限短訊，但經 TopCashback 申請可獲 30 英鎊現金回贈之餘，每月月費更由 11 英鎊，減至 7 英鎊。

即同一個計劃直接在 3UK 的門市或網站申請，需要繳付 11 英鎊的月費，一年為 132 英鎊。但經 TopCashback 申請同一個月費計劃，只需要繳付 7 英鎊月費，一年為 84 英鎊，再扣除 30 英鎊的現金回贈，實際上每年電話費只需要 54 英鎊。直接由 3UK 購買和經 TopCashback 購買，以一年計，足足相差 78 英鎊。（以上優惠可能因應時效而有所變化，請以實時資訊為準。）

使用英國 TopCashback 有兩點需要注意：

一、當你經 TopCashback 網上購物後，在一個工作天內，你可以在 TopCashback 的賬戶內看到有現金回贈。但這筆回贈一般不能即時轉賬至銀行或兌換現金券，這是因為 TopCashback 需要待購物商戶確認訂單後，才會向你支付回贈，一般需要 8-14 個星期，如果是合約性質的消費，可能需要更長的時間確認。不過大家可以放心，只要 TopCashback 的賬戶有顯示回贈金額，而你又完成交易，最後一定會收到現金回贈，大家只要耐心等候便可。具體時效與規則請以網站上的訊息為準。

二、TopCashback 有兩種會員制度，分別為「Classic Member」和「Plus Member」，「Classic Member」不收會員費，而「Plus Member」每年需付 5 英鎊年費，享有更多回贈優惠和好處，而且年費只會從你賺取的現金回贈扣除。詳情可查閱：https://www.topcashback.co.uk/classic-or-plus。

大家註冊 TopCashback 賬戶後，會免費獲贈一個月「Plus Member」試用，一個月後便會自動續期。若你只想成為「Classic Member」，記得在一個月免費試用期完結前，登入賬戶，在「Membership Details」頁面轉回「Classic Member」即可。

在英國，大家應該好好利用這些現金回贈計劃網站，皆因「小數怕長計」，在物價上漲的大環境下，真的可以省下不少。

6.3 自煮生活貼士：
各大超級市場會員優惠

英國外出用膳相較香港昂貴，所以不少香港的「無飯」家庭，移英後轉變成「自煮」生活模式。英國的食材新鮮，價格相宜，而且家中的廚房足夠大可以放置洗碗機，「煮飯仔」在英國可說是一種樂趣，筆者也很享受這種新生活。因此，逛超級市場尋寶成為假日最佳消遣活動之一。

英國有很多超級市場品牌，這些品牌為了吸引顧客或提高顧客的忠誠度，推出它們獨有的會員制度，這些會員制度提供的優惠五花八門。如果你居住的附近只有一、兩間超級市場，那麼你只需要加入這些超級市場的會員。但現在超級市場網購非常方便，如果你有車，逛超級市場根本不受地域限制。本篇會和大家分享英國各大超級市場會員或積分卡的優惠，你可以看看哪一間超市的會員比較適合自己。

英國四大超級市場品牌分別為：Sainsbury's、Tesco、Morrisons 和 Asda，它們屬於中價超級市場，門市比較多，是大家比較常見的超市品牌。而 Waitrose 和香港人熟悉的 Marks & Spencer （馬莎），是高價超級市場，它們賣的產品價格相對較高，而質素普遍也會較高。Lidl 和 Aldi 是平價超級市場，它們賣的產品品牌比較冷門，而價格會比其他超級市場便宜很多。

除此以外，冷凍食品超市 Iceland 也有不少門市，它有別於一般的超級市場，Iceland 主要售賣各種急凍食品，包括急凍海產、肉類、冷凍加工食品及雪糕等等，另外也有售乾糧、麵包、牛奶製品等等，也是屬於平價親民路線。

英國還有其他超市，包括 Co-op、Whole Foods Market、Costco、Amazon Fresh 等等，但這篇文章只會集中分享上述九間比較常見的超級市場會員優惠。

一、Sainsbury's

Sainsbury's 的會員屬於儲積分制度。若要儲 Sainsbury's 的積分，你並不是下載 Sainsbury's 的 App，而是下載「Nectar」App。Sainsbury's 的 App 只能用作網上購物，而「Nectar」App 則除可以在 Sainsbury's 儲積分和兌換積分外，也可以在 Argos、Esso、eBay、英航等等商戶儲積分和兌換積分。

Sainsbury's 的儲積分機制是在店內或網上每消費 1 英鎊可以獲 1 分，而累積滿 500 積分後，便可以兌換 2.5 英鎊現金券。積分並沒有想像中難累積，除了因為你可以在剛才提及的其他商戶賺積分外，「Nectar」App 中有一個名為「Sainsbury's offer」的功能，會根據你以往的購買記錄，把積分加倍。假設你經常在 Sainsbury's 購買牛奶，「Sainsbury's offer」中便會有買牛奶送額外 30 積分的優惠。有時候，一些產品甚至有額外 70 積分或更多，而且這些是你經常購買的產品，所以 500 積分其實很易累積。

「Nectar」App 還有「My Nectar Prices」功能，同樣是根據你以往的購買記錄，提供客製化的減價優惠，例如，你經常在 Sainsbury's 買雞蛋，「My Nectar Prices」便會有買雞蛋減 1 英鎊的優惠。如果想使用「My Nectar Prices」，你需要額外下載「Smart Shop」App 一併使用。「Smart Shop」是你一邊購物，一邊掃描購買的商品，掃描後，你可以直接把商品放入購物袋內，結賬的時候，只要掃描 App 上的 QR code 便可付款，不需要逐件商品再掃描，節省時間。

「**Nectar**」：https://www.nectar.com

二、Tesco

Tesco 的會員卡名為「Tesco Clubcard」。你只需要下載 Tesco 的 App 便可以登記和登入「Tesco Clubcard」，不需要下載另一個 App。它的儲分機制是在店內或網上每消費 1 英鎊可以儲 1 分，而累積滿 150 積分便可以換兌 1.5 美鎊現金券。除 Tesco 外，你可以把積分兌換 Esso、Pizza Express、Disney+、維珍航空等等的服務。另外，「Tesco Clubcard」會員可以享有「Clubcard Prices」，很多商品會有會員獨享的優惠價。

你也可以由「Tesco Clubcard」升級至「Tesco Clubcard Plus」，每月會員費為 7.99 英鎊。升級後，你可以每月其中兩次消費享有 9 折優惠，折扣上限是每次購物享有 20 鎊折扣或每月購物享有 40 鎊折扣。如果你經常在 Tesco 購物，並且每月消費超過 80 英鎊，便很划算，否則便沒有必要升級至「Clubcard Plus」。

「**Tesco Clubcard**」：https://secure.tesco.com/clubcard

三、Morrisons 及 Asda

Morrisons 的會員卡是「My Morrisons」，此會員卡不可累積積分。「My Morrisons」會員的優惠是根據你以往的購買記錄，提供一些客製化的優惠券或現金券。另外，NHS 職工、教師、嬰兒家長或大學生可以加入相對應的「My Morrisons Clubs」，享有獨家優惠和折扣。

「**My Morrisons**」：https://my.morrisons.com/more

而 Asda 的會員制度名為「ASDA rewards」，Asda 強調它們的會員不是儲「Points」（積分），而是儲「ASDA Pounds」（ASDA 幣），儲到的「ASDA Pounds」會顯示在 App 內的「Cashpot」，當 Cashpot 內有達到一定金額的「ASDA Pounds」便可兌換現金折扣券。儲「ASDA Pounds」方法有兩種。第一是購買指定產品，而這些產品是根據你以往的購買記錄推薦給你的商品。第二是完成指定任務，例如：在母親節購買鮮花可獲「ASDA Pounds」等任務讓會員參與。

「**ASDA Rewards**」：https://www.asda.com/rewards

四、Waitrose 及 Marks & Spencer

Waitrose 的會員卡名為「myWaitrose」。「myWaitrose」會員的優惠是根據你以往的購買記錄,提供一些客製化的商品優惠價。另外,會員每週可以 8 折購買精選的新鮮肉類、魚類、芝士或熟食。而每間 Waitrose 的門市均設有熱飲機,「myWaitrose」會員可以自攜容器,免費享用一杯熱咖啡或熱茶,但最近由於疫情關係,這個優惠暫時取消。

「**myWaitrose**」: https://www.waitrose.com/ecom/my-waitrose/become-a-member

至於 Marks & Spencer 的會員卡名為「SPARKS」。這張會員卡除在超級市場外,在它們的百貨公司也可以使用,會員可以享有客製化的優惠。除此以外,每次在馬莎消費,馬莎便會捐款給慈善機構,會員間接可以做善事。而使用此會員卡,你可能會隨機抽到小禮物,例如麵包、糖果之類的小獎品。馬莎亦會在每間分店每個星期會抽出一位「SPARKS」會員獲享全單免費。

「SPARKS」: https://www.marksandspencer.com/joinsparks

五、Lidl 及 Aldi

Lidl 的會員卡名為「Lidl Plus」。以每個月計算，在 Lidl 消費滿 50 英鎊，可以免費獲贈店內烘焙食品，消費滿 100 英鎊有 2 英鎊現金券，消費滿 200 鎊有 10 英鎊現金券。由於以每個月計算，上一個月的消費金額不可以累積至下一個月，新的一個月重新計算。另外，「Lidl Plus」每星期會提供大約四張電子商品折扣券，激活後便可使用。每次在 Lidl 消費後，會有電子刮刮卡，有 4 分 1 機會刮到獎品，獎品有機會是 20 英鎊的現金券，但絕大多數時候均是商品折扣券。

「Lidl Plus」：https://www.lidl.co.uk/lidl-plus/lidl-plus-coupons

而 Aldi 公認為英國最便宜的超市。但 Aldi 暫時沒有會員制度，只可以下載它們的 App 了解最新的優惠及定期的 Specialbuys 特價活動。

「Aldi」App：https://www.aldi.co.uk/mobile-apps

六、Iceland

Iceland 的客戶忠誠計劃是「Iceland Bonus Card」。這張卡類似於香港的八達通，增值後便可以使用，但當然只可以在 Iceland 及旗下的 The Food Warehouse 使用。這張「Iceland Bonus Card」每增值 20 英鎊便會有 1 英鎊回贈，即相等於 95 折。除此以外，也有會員購物優惠和生日當日有免費禮物。另外比較特別的是，如果你在店內消費超過 25 英鎊，「Iceland Bonus Card」會員可以享用免費把商品運送到府上的服務，不需要自己提商品回家。

「Iceland Bonus Card」：https://www.iceland.co.uk/bonus-card

第七章
英國駕駛篇

LoNdON

TELEPHONE

7.1 靈活租車代步：
香港駕照租用英國共享汽車

本文會和大家分享英國的共享汽車（Car Clubs）。共享汽車即短期汽車租用服務，當成為 Car Club 的會員後，便可以使用你附近停泊的汽車。初到英國，未轉換英國駕駛執照時，手持香港駕駛執照也可以申請成為共享汽車會員。

共享汽車公司在英國稱為 Car Clubs，相比起傳統的租車公司，Car Clubs 有以下優勢：

第一，Car Clubs 的租車程序非常簡單。由於登記成為會員的時候，已經上載了駕駛執照、地址證明等文件，以及設定了付款方式。因此在租車時，你只需要在 App 或網頁上選擇日期和時間預約即可。相比傳統的租車公司，每次租車也要在櫃台提交文件及填寫資料，大大節省了時間。而且 Car Clubs 亦不受傳統租車公司辦公時間限制，24/7 均可以租用汽車。

第二，利用 Car Clubs 租車，你可以用 App 解鎖及鎖車，不需要找職員領取車匙和歸還車匙，整個取車及還車過程都是全自助。

第三，Car Clubs 的最大優勢是取車點覆蓋不同地區，而且取車位置方便，多數停泊在民居、火車站或地鐵站附近，你不需要前往機場或大型車站附近才能租車，隨時在你的家附近已經有數輛 Car Clubs 的車供你租用。

第四，Car Clubs 的車除了可以租用一整日，還可以按分鐘或小時租車。如果你只是想在假日租車，去逛戶外購物中心或到大型超級市場買日用品，以按小時付費租車便划算很多。

第五，Car Clubs 租車的價錢已包含保險和油費，你不需要額外購買保險，亦可以省回油費。

筆者特別建議住在倫敦的朋友加入 Car Clubs，因為倫敦的交通網絡完善，平時上班乘坐地鐵及巴士也十分方便，大部分朋友也不需要急著購買汽車代步。但在周末假日難免想駕車一家人逛街或觀光，加入 Car Clubs 便可以省下買車和「養車」的花費。

Car Clubs 的使用原理簡單，首先在網上登記成為會員。一般入會需要上載 3 個月內的地址證明、駕駛執照及護照有相及有簽署的兩頁。如果你初到英國未有住址證明的話，上載香港的地址證明也可以。而駕駛執照方面，由於抵達英國首年可以以香港駕駛執照在英國駕駛，若你初到英國，用香港駕駛執照也可登記成為 Car Club 會員。

成功登記會員後，當你需要租用汽車，你只需要在 App 或網頁選擇取車點、日期及時間便可以預訂，只要在預訂時間以 App 解鎖取車，便可以駕車四處去。在預訂時間結束前，把車駛回取車的地方，再用 App 鎖車便成功還車。

以下會分享英國其中兩間最大的 Car Clubs，包括它們的收費、服務範圍、保險及其他注意事項。這兩間 Car Clubs 均接受香港駕駛執照租用汽車，它們分別為 Enterprise Car Club 和 Zipcar。

Enterprise Car Club 租車服務

Enterprise Car Club 優點是服務範圍分佈在英國各地，全英各城市都幾乎有它的取車點。Enterprise Car Club 在全英國有超過 1400 輛私家車及貨車可以租用。Enterprise Car Club 就不同地區有不同收費，你只需要在它們的網站上，選擇你身處的地區便可以找到有關的收費資料。

首先看一看倫敦的收費。選擇倫敦的話，有 4 種會員制度可以選擇，分別是「Enhanced Plan」、「Standard Plan」、「Standard Plus Plan」及「Under 22 Plan」。

「Under 22 Plan」是給 19-21 歲、持有車牌一年或以上的年輕朋友加入。22 歲或以上，一旦你有車牌 (不需要持牌一年或以上)，都可以加入其餘 3 個會員計劃，而 Enterprise Car Club 的會員是沒有年齡上限。

下圖顯示 Enterprise Car Club 倫敦區不同會員制度的收費，第一欄是會員費用、第二欄是每行駛 1 英里的收費、最後 3 欄是不同車種每小時租車的費用。黑色字是平日的費用、紅色字是周末及假日的費用。這裡只是顯示其中 3 款類型的車，Enterprise Car Club 還有很多不同車種提供。

	會員費	每1英里收費	Toyota Aygo / 同類車款	Ford Focus / 同類車款	Vauxhall Insignia/ 同類車款
Enhanced Plan	£20/月	£0.21/英里	£6.15/小時 (£6.65/小時)	£7.90/小時 (£8.60/小時)	£8.90/小時 (£9.65/小時)
Standard Plan	£7/月 或 £60/年	£0.21/英里	£7.65/小時 (£8.15/小時)	£9.40/小時 (£10.10/小時)	£10.40/小時 (£11.15/小時)
Standard+ Plan	£7/月 或 £60/年	£0.25/ 額外英里 （每天首60英里 免費）	£8.19/小時 (£9.20/小時)	£9.70/小時 (£11.20/小時)	£11.19/小時 (£12.19/小時)
Under 22 Plan	£6/月	£0.5/英里	£8.65/小時 (£9.15/小時)	不適用	不適用

* 資訊更新至2022年7月1日

大家可以從表中看見不同會員的分別。Enhanced Plan 會員費最昂貴，但租車費用最便宜，比較適合租車頻率較頻繁的朋友。而 Standard Plan 則是會員費相對較便宜，但是租車費用則貴一些，適合不是經常要租車的用家。至於 Standard Plus，會員費和 Standard 一樣，但租車費用因為首 60 英里免行車費，因此相對貴一些，適合經常租車前往遠距離地方的用家。

除了倫敦，本文也提供曼徹斯特（Manchester）的會員收費供讀者參考。曼徹斯特沒有 Standard Plus 會員，而租車費用平日和假日的收費是一樣。最近，曼徹斯特的居民獲地方政府資助可以以首年年費 10 英鎊成為 Standard 會員（使用優惠碼：MAN10)，而且這 10 英鎊可以在租車時用來抵銷租車費用，變相免會員費。住在曼徹斯特的朋友而住所附近有 Enterprise Car Club 的取車點，就不要錯過此優惠。

	會員費	每 1 英里收費	Toyota Aygo / 同類車款	Ford Focus / 同類車款	Vauxhall Insignia/ 同類車款
Enhanced Plan	£20/月	£0.21/ 英里	£4.60/小時	£6.45/小時	£7.45/小時
Standard Plan	£7/月 或 £60/年 （曼城政府資助： £10首年）	£0.21/ 英里	£6.10/小時	£7.95/小時	£8.95/小時
Under 22 Plan	£6/月	£0.5/ 英里	£7.10/小時	不適用	不適用

* 資訊更新至 2022 年 7 月 1 日

至於保險方面，Enterprise Car Club 的所有車輛都已經投保，並且提供了第三者和乘客責任保險，如果不幸發生車輛損壞或盜竊，而當有關事故被判斷為是會員的過錯或無法追蹤第三方責任時，會員最多只需要支付超額費用 750 英鎊。如果維修費用低於超額費用，便只需支付較低金額。另外，會員亦可以選擇每月支付 10 英鎊或每年支付 90 英鎊，把每次事故的超額費用減少至 100 英鎊。

對於在倫敦朋友，也會關心如果把汽車駛到 Congestion Charge Zone（倫敦交通擠塞費，即倫敦 Zone 1）需不需要付費。對於 Enterprise Car Club 而言，於 Congestion Charge Zone 範圍以內租用的車輛可以不需支付任何 Congestion Charge（倫敦交通擁擠稅）。但如果在非 Congestion Charge Zone 範圍內租用的車輛，進入 Congestion Charge Zone 便要支付 11.5 英鎊的 Congestion Charge。

最後，可能大家會關心遲了歸還汽車會有什麼後果。如果後續沒有其他會員預訂，會員可以通過 App 延長租車時間。如果會員遲還車而沒有通知 Enterprise Car Club，會員會被收取 30 英鎊及每分鐘 20 便士的費用，此外，亦需要承擔後續使用的會員因等待而產生的任何費用。

Zipcar 租車服務

另一間 Car Club — Zipcar，相比 Enterprise Car Club 有更多可租用的汽車，在英國有超過 3000 輛私家車和貨車可以租用。不過 Zipcar 在英國的取車點就只有倫敦、布里斯托（Bristol）、劍橋（Cambridge）和牛津（Oxford）。

Zipcar 對會員的限制亦較 Enterprise Car Club 多，包括：用戶必須年滿 23 歲或以上，持有駕駛執照必須超過一年；如果是 75 歲或以上的用戶，則需持牌最少兩年。所有用戶過往 3 年需沒有干犯嚴重違規行為，以及過往 7 年沒有涉及酒精或毒品相關違法行為。

Zipcar 在倫敦區，有三種會員制度可以選擇，分別是 Basic、Smart 及 Plus。下圖顯示 Zipcar 在倫敦區不同會員制度的收費。第一欄是會員費用，Zipcar 的會員費可以在租車時用作抵銷租車費用，所以相對 Enterprise Car Club，Zipcar 的會員費比較划算。另外，Zipcar 有兩種租車收費模式，一種是「包含里數」，另一種是「按里數收費」。

£0.29 / 額外英里
（每天首60英里免費）

會員費	Vauxhall Corsa / 同類車款	Volkswagen Golf/ 同類車款	Vauxhall Corsa / 同類車款
Basic £0/月 （申請費：£10）	£9/小時 （£10.5/小時）	£10/小時 （£11.5/小時）	
Smart £6/月	£7/小時 （£8.5/小時）	£8/小時 （£9.5/小時）	£4/小時 （£5/小時） £0.29/英里
Plus £15/月	£6/小時 （£7/小時）	£7.5/小時 （£9/小時）	

* 資訊更新至2022年7月1日

表中第 2-3 欄顯示「包含里數」的每小時租車的費用，黑色字是平日的收費，紅色字是周末和假日的收費。「包含里數」指租車費用已經包括每日首 60 英里的費用。當你駕車超過 60 英里才要就每英里支付 29 便士。

而表中最後一欄就是「按里數收費」的價錢。雖然這種租車模式每行 1 英里便要支付 0.29 英鎊，但租車費用相對較便宜，適合短途駕駛到附近商場或者超級市場逛街的朋友，不過「按里數收費」就只有小型車可以租用。

另外，Zipcar 一個最大賣點就是「Zipcar Flex」服務。一般 Car Clubs 要求把車輛駛回租車的地方還車，但 Zipcar 有一部分可租用的車屬於「Zipcar Flex」。如果你租「Zipcar Flex」的車，以倫敦為例，你只要把車歸還在下圖藍色範圍內任何一個地方便可，而且收費具有彈性。除了可以按小時租車，還可以按分鐘租車，費用是每小時 14 英鎊或者每分鐘 31 便士，租車費用包含了 60 英里行車費，超過 60 英里便要就每英里支付 29 便士。

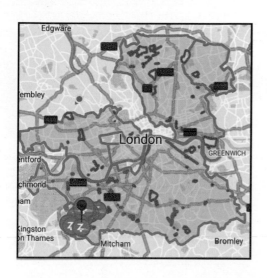

除市區外，倫敦希斯路機場 5 號客運大樓也有數輛「Zipcar Flex」的汽車租用。雖然在希斯路機場租用「Zipcar Flex」需要收取 7.5 英鎊機場費用，不過相比乘坐的士或 Uber 便宜，大家有需要也可以考慮一下。

保險方面，Zipcar 已經購買全面碰撞保險、第三方財產損失保險及無上限第三方人身傷害。每次事故，會員最高只需支付 750 英鎊損壞費用，高風險會員則需支付 1,000 英鎊。高風險會員指 19-24 歲會員、曾經被扣 4 分或以上或過往 3 年曾經發生過交通事故的會員。

有關 Congestion Charge Zone，是 Zipcar 比 Enterprise Car Club 其中一個優勝的地方，因為所有 Zipcar 會員使用 Zipcar 的車進入 Congestion Charge Zone 範圍內，均不需要支付 Congestion Charge。

和 Enterprise Car Club 一樣，如果後續沒有其他會員預訂，會員可以通過 App 延長租車時間。如果會員遲了還車，Zipcar 會員會被收取每小時 35 英鎊起逾期歸還費（最多 3 小時），以及額外租車費用。

使用 Car Clubs 的車輛需要注意的事項，包括：第一，開車前，請花幾分鐘時間檢查車輛有沒有損壞，副駕駛座前面的儲物箱可以找到損壞報告，如你發現車輛有任何報告上沒有列明的損壞，開車前謹記先致電 Car Club 報告情況，建議使用手提電話拍照作記錄，以免日後被追究責任。

第二，在預訂期間，當車輛油箱降至四分一或以下的時候，你需要為車輛入油。你不需要支付油費，每輛車都會有油費支付卡，油費支付卡可以在副駕駛座前儲物箱或儀表板側面找到。入油後，把油費支付卡連同收據放回原位便可。有一點要注意，油費支付卡的上限是 80 英鎊，所以不要入多過 80 英鎊的汽油。

最後，有兩點是對於大家選擇是否成為 Car Clubs 會員，以及選擇哪間 Car Club 需要考慮的因素。很多香港朋友只持有自動波駕駛執照，但在歐洲很多人都是駕駛棍波車，Car Clubs 亦不例外，大部分可以租的車都是棍波車，自動波車的取車點相對較少，這一點對於持自動波牌的朋友需要注意。

另外，在選擇加入哪一間 Car Clubs 時，價錢不應該是最主要的考慮因素，最重要的是你居住的附近有沒有取車點。大家可以透過 Google Map 在你居住的地方搜尋「Zipcar」或「Enterprise Car Club」，便可以看到在你居所附近有哪一間 Car Club 的取車點。

7.2 換英國車牌 2：
免考試轉換英國駕駛執照

章節 4.3 提及，如果你是在香港考取私家車、輕型貨車或電單車的駕駛執照，到達英國後，可以直接把香港駕駛執照轉換成英國駕駛執照。

網路上對於轉換英國駕駛執照有一個迷思：是否需要等到居英滿 185 日才可以申請轉換英國駕駛執照？就這個問題，英國的駕駛及車輛牌照局（Driver and Vehicle Licensing Agency，DVLA）最近更新了相關的指引。從前，要轉換英國駕駛執照的確需要在英國居住多於 185 日才可申請。但更新了的指引，相關字眼已經修改成「只要你在一個年度合法居住英國多於 185 日便可以申請轉換英國駕駛執照。」由於 BNO Visa 持有人滿足以上條件，只要有長期地址便可以申請轉換英國駕駛執照，不需要等到居英滿 185 日才可以申請。另外，轉換駕駛執照必須在居英 5 年內進行，否則 5 年後便不可以再提出申請，需要在英國重考駕駛執照。

除香港考取的駕駛執照外，如果你的駕駛執照在以下地方考取同樣可以轉換成英國駕駛執照：安道爾、澳洲、巴巴多斯、英屬維爾京群島、加拿大、開曼群島、福克蘭群島、法羅群島、直布羅陀、日本、摩納哥、新西蘭、南韓、北馬其頓共和國、新加坡、南非、瑞士、台灣、烏克蘭、阿拉伯聯合酋長國及津巴布韋。

申請轉換英國駕駛執照，你需要遞交 DVLA-D1 form（D1 表格）。D1 表格可以在郵局 （Post Office）向職員領取或在 DVLA 的網站索取郵寄 D1 表格。D1 表格需以黑色筆及大階填寫。以下為填寫 D1 表格的步驟及注意事項。

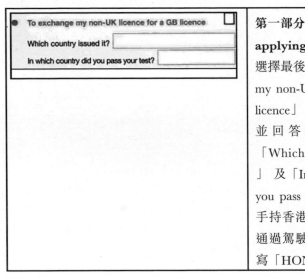

第一部分：「**What are you applying for?**」
選擇最後一項「To exchange my non-UK licence for a GB licence」
並回答選項下的問題：「Which country issued it?」及「In which country did you pass your test？」。若你手持香港駕駛執照並在香港通過駕駛考試，兩題均可填寫「HONG KONG」。

Title: Mr ☐ Mrs ☐ Miss ☐ Ms ☐ Other (for example, Dr) ☐

Surname:

First names:

Date of birth:

Full current address (This will be shown on your new licence)

House no.

Postcode:

Full phone/mobile number (optional):

Email address (optional):

Previous details – if your name and/or address has changed from that shown on your last licence you MUST give the previous details below.

Country you were born in:

If you have lived in another country in the last 12 months, please tell us which:

What date did you come to live in the UK?

Can you meet the legal eyesight standard for driving? Yes ☐ No ☐

Do you need to wear glasses or corrective lenses to meet this standard? Yes ☐ No ☐

第二部分：「Your details」填上姓名、出生日期、地址、電話號碼、電郵地址及出生地等個人資料，回答過去 12 個月在英國以外的居住地 (If you lived in another country in the last 12 months, please tell us which) 及來英國的日期 (What date did you come to live in the UK)。

第三部分：「Your eyesight」根據你的情況就以下問題選擇「Yes」或「No」：「Can you meet the legal eyesight standard for driving?」（你能達到駕駛的法定視力標準嗎？）及「Do you need to wear glasses or corrective lenses to meet this standard?」（你是否需要戴眼鏡或矯正鏡片才能達到這個標準？）。

移英生活說明書

Have you ever had, or do you currently suffer from any of the following conditions?

Yes ☐   No ☐

第四部分：「Your health」

這部分列出了 21 項健康狀況，若你沒有這些健康問題，便可以就問題「Have you ever had, or do you currently suffer from any of the following conditions?」（你是否曾經或目前患有以下任何一種情況？），選擇「No」。否則，便選擇「Yes」，並選擇出你曾經或目前患有的健康問題。

Part A – proving your identity digitally
By entering your UK passport number or a share code obtained from the View & Prove your Immigration status service you are giving DVLA permission to verify your details with Her Majesty's Passport (HM Passport Office) or the Home Office.

Valid UK passport number:

View & Prove your
Immigration status
service share code:
If you have completed Part A, do not send the original document.

Part B – Documents enclosed to prove your identity
Photocopied/laminated document(s) are not acceptable.
Please put ☒ against all original valid document(s) enclosed.
As birth/adoption certificates and UK certificates of naturalisation/registration are not absolute proof of identity, you must also send one other form of identification.

Passport (see booklet INF1D) ☐   Travel document ☐
UK birth/adoption certificate ☐
Evidence of State Retirement Pension (SRP) ☐
Biometric Residence Permit (BRP) ☐
UK certificate of naturalisation/registration ☐
Please write the serial numbers of the documents you are enclosing:

第五部分：「Your proof of identity」

若你有 share code，便只需在 Part A 的「View & Prove your immigration status service share code」（查看並證明你的移民身份的 share code）部分填上你的 share code。若你不能提供 share code，則需在 Part B 選擇「Passport」（護照）或「Biometric Residence Permit（BRP）」作為身份證明，並在下方空格填寫護照號碼或 BRP 號碼。

190

第六部分與轉換英國駕駛執照無關，可略過。	
I declare that I am resident in the UK and understand that it is a criminal offence to make a false declaration to get a driving licence and that to do so can lead to prosecution and a maximum penalty of up to two years imprisonment. I also understand that failing to provide information is an offence that could lead to prosecution and a fine of up to £1000. **Important**　　Date: **We will not accept this application unless you sign below in black ink and your signature is completely within the white box.** • Keep your signature within the white box • • Keep your signature within the white box •	第七部分：「**Your declaration**」填寫申請日期及簽署。你的簽署必須在白色空格以內，這個簽署會顯示在你的駕駛執照上，若你的簽署「出界」，則不獲受理。
Your checklist I have signed the form (section 7). ☐ Do not send cash. I enclose: The correct fee of: [____] Cheque or postal order number: [____] Your last licence (if applicable): ☐ Proof of Identity (if this applies): ☐	「**Your checklist**」選擇你已在第七部分簽署（I have signed the from）。填寫費用（The correct fee）為£43。填寫支票號碼或郵政匯票號碼（Cheque or postal order number）。選擇你已附上你最近的駕駛執照（Your last licence）。選擇你已附上你的身份證明（Proof of identity）。使用 share code 作為身份證明不需要附上身分證明文件。若使用護照或 BRP，則需要。

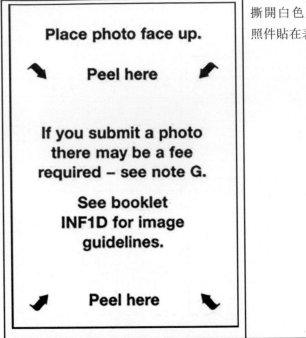

撕開白色貼紙，把你的證件照件貼在表格上。

DVLA 經常更新 D1 表格，而你在郵局領取的 D1 表格不一定是最新版本，但不用擔心，不論你郵寄任何版本的 D1 表格，DVLA 同樣會受理，只要填妥上述所有資料便可。

填妥的 D1 表格需連同以下文件郵寄到 DVLA：

一、香港駕駛執照正本。轉換英國駕駛執照是以一換一，DVLA 會沒收你的香港駕駛執照。

二、申請費 43 英鎊的支票或 Postal Order（郵政匯票）。

三、身分證明文件。如你在表格上填寫了 Share Code，便無須遞交身分證明文件，可以忽略。如你在表格上填寫了護照號碼或 BRP 號碼，請分別提交有 vignette（簽證貼紙）的護照正本或 BRP 正本。

四、駕駛執照細節證明（如有）。

提交申請費用時，如果沒有英國支票簿，你可以以 Postal Order（郵政匯票）代替。Postal Order 可以在郵局購買，因此，建議在郵局領取 D1 表格那天或在郵局郵寄 D1 表格那天順道購買。購買 Postal Order 只要跟職員表示是購買一張 43 英鎊的 Postal Order，抬頭寫上「DVLA, Swansea」便可以。買 Postal Order 需付 12.5% 手續費，所以買一張 43 英鎊的 Postal Order，總共需要花費 48.38 英鎊。

Postal Order 號碼為票下面最後一組數字。以圖中的樣本為例，Postal Order 號碼為「06102451」。

移英生活說明書

郵寄 D1 表格時，你可以選擇不同的郵寄服務。英國的郵政服務基本上十分可靠，但如果你想保險一點，擔心寄失香港駕駛執照正本或身份證明文件，可以使用「Royal Mail Special Delivery Guaranteed by 1pm®」，這個服務可以追踪到你的郵件，並保證翌日下午一時前會把郵件送達。以下的表格比較不同郵寄服務的價錢、速度、郵件追踪及保險額度給大家參考：

UK Standard delivery		Royal Mail Signed For●		Royal Mail Special Delivery Guaranteed by 1pm●
2nd Class	1st Class	2nd Class	1st Class	
£0.68	£0.95	£2.08	£2.35	£6.85
郵遞時間 2-3天	郵遞時間 1天	郵遞時間 2-3天	郵遞時間 1天	翌日下午一時前送達
✖		郵件簽收		郵件簽收
✖		線上確認收件		全程郵件追踪
保額最高£20		保額最高£50		保額最高£500

如果你的申請沒有問題，大約四星期內便會收到英國的駕駛執照。當收到駕駛執照後，你或許對駕駛執照背面的標註及數字感到疑惑。以下為大家解說一些常見問題。

首先香港的私家車牌（1號牌）或輕型貨車牌（2號牌）都會轉成英國 Category B 車牌。Category B 車牌是指你可以駕駛 3.5 頓重量以下及最多 8 座位的車輛。至於旁邊的數字（codes），若以香港駕駛執照轉換英國駕駛執照多數情況下會出現 3 組數字。「70(HK)」指由香港駕駛執照轉換；「01」指需要佩戴眼鏡或隱形眼鏡的駕駛者；「78」指駕駛自動波的駕駛者，如果你在香港是手持棍波牌，便不會有「78」這組數字。換言之，香港自動波駕駛執照只可以換回英國自動波駕駛執照。

	9.	10.	11.	12.
AM	🏍	14.05.22	08.07.59	01,122
A1	🏍	————		
A2	🏍	————		
A	🏍	19.01.13	08.07.59	79(3),01
B1	🚗	01.09.08	08.07.59	01
B	🚗	01.09.08	08.07.59	70HK,01
C1	🚚	————		
C	🚚	————		
D1	🚌	————		
D	🚌	————		
BE	🚗	16.12.21	08.07.59	01
C1E	🚛	————		
CE	🚛	————		
D1E	🚌	————		
DE	🚌	————		
fkpq		01.09.08	08.07.59	01,118,122

1. Name 2. First name 3. Date and place of birth 4a. Date of issue 4b. Date of expiry 4c. Issued by 5. Licence number 10. Valid from 11. Valid to 12. Codes

有部分成功轉換駕駛執照的朋友分享除了 Category B 外，他們還可以駕駛 Category B1，但有部分朋友則沒有 Category B1。Category B1 指你可以駕駛小型四輪機動車。所以，如果你收到的駕駛執照沒有 Category B1 也不會影響你在英國駕駛私家車，所以無須擔心。至於為什麼一些人有 Category B1，一些人沒有，主要是因為不同的 DVLA 職員有不同的做法所致。

另外，不少成功轉換駕駛執照的朋友表示在香港只有私家車牌，但英國的駕駛執照顯示可以駕駛 Category AM 及 Category A 的電單車，是否「大贈送」，換車牌送電單車牌呢？當然不是「大贈送」，如果你在香港沒有電單車牌，Category AM 旁邊會有「122」這組數字，意思是你需要完成基礎輕騎課程（Basic Moped Training Course）才可以駕駛電單車。如果你沒有完成相關課程是不可以在英國駕駛電單車。

至於 Category A，如果你只有車牌，旁邊會有「79(3)」這組數字，意思是只限電動三輪車。在英國，有 Category B 車牌而又年滿 21 歲的人士，便可以駕駛 15kW 以上的電動三輪車。因此在閱讀自己的駕駛執照時，一定要了解清楚這些數字蘊含的意思，你可以在 DVLA 網站上查看更多不同數字的註解（https://www.gov.uk/driving-licence-codes）。

第八章
理財及其他

LoNdON

TELEPHONE

8.1 投資都要離岸： IBHK 資產轉移到 IBUK

當移民到英國後，大家可能把在香港開立的 Interactive Brokers 戶口（IBHK）轉移到英國的 IB 戶口（IBUK），把 IB 裡存放的金錢和投資產品也搬離香港帶到英國。本文會和大家分享有關開立 IBUK 戶口的 10 個常見疑問及解答，讓大家先了解清楚 IBUK 和 IBHK 的分別及轉換戶口需要注意的事項。

問題一：IB-HK、IB-UK、IB-LLC 有什麼分別？

IB-HK 的實體公司在香港，而 IB-UK 和 IBLLC-US 則分別在英國和美國。因為不同國家對金融機構有不同的法律法規，所以 IB 在不同國家註冊不同公司，向相應客戶提供服務。情況類似匯豐銀行在香港和英國都有註冊公司，你有香港匯豐銀行戶口，只代表你是香港匯豐銀行客戶，你需要另外申請英國匯豐銀行戶口，才可以使用英國匯豐銀行的服務。當你移民英國後，因為你主要居住地及稅務居民身份有所變化，所以你應該使用英國的 IB 戶口，而非香港的 IB 戶口。

有一些 YouTuber 為了賺取介紹費，分享找中介幫忙在英國開立 IBHK 戶口，筆者強烈建議大家不要跟隨。第一，你移民到英國，應該開立的是 IBUK 而非 IBHK 戶口。而且你要將資金離岸，更加不應該開立 IBHK 戶口。第二，開立任何 IB 戶口，包括 IBHK 及 IBUK 都是免費。不需要付錢給中介，亦無謂將個人資料透露給中介。

問題二：可不可以同時擁有 IBHK 及 IBUK 戶口？

IB 不允許客戶在兩個或以上的 IB 團體上同時持有戶口，所以你不可以同時持有 IBHK 及 IBUK 戶口。一旦你移民英國後，開立了 IBUK 戶口，便要盡快註銷 IBHK 賬戶。

你可能會問，既然已打算會移民去英國，可不可以在香港直接開立 IBUK 戶口？答案是不可以。你不可以在抵達英國前先開立 IBUK 戶口，因 IBUK 戶口只限英國居民申請。你開立 IBUK 戶口時，必須提供英國地址證明及國民保險號碼（National Insurance Number）。

問題三：移民英國後，如何把 IBHK 戶口裡的資金及投資倉位轉移到 IBUK 戶口？

要把 IBHK 的資產轉換到 IBUK 戶口，你需要先開立 IBUK 戶口。在 IBUK 網站註冊開戶，步驟和開立 IBHK 戶口大致相同，有需要可以參考第一章有關開立 IB 戶口的文章。

成功開戶後，登入 IB 客戶後台，在「Message Center」撰寫「ticket」，要求 IB 把你 IBHK 戶口入面的倉位及資金，以人工轉賬（Manual Transfer）方式轉賬到你的 IBUK 戶口便可。

問題四：把倉位及資金由 IBHK 轉移到 IBUK 需要多久時間？

由於過程是以人工處理的內部轉賬，當 IB 收到轉賬要求後，需要經過審核，一般需要至少一個星期的時間才可完成轉移。大家需要留意，在人工轉賬期間，你不能夠交易 IBHK 賬戶裡的倉位。因此如果你有短線投資項目在 IBHK 戶口入面，便需要自行部署轉移戶口的時間。

問題五：IBUK 可否存入或匯出港幣？是否需要前往 IBUK 的辦公室進行簽名驗證？

和 IBHK 不同，存取外幣到 IBUK 戶口是不需要前往辦公室進行簽名驗證。開戶 IBUK 後，你可以直接存入或匯出各種外幣，當中包括港幣。

問題六：轉移戶口到 IBUK，需不需要平倉 IBHK 戶口內持有的投資產品？

內部人工轉賬是不需要先平倉 IBHK 的投資產品倉位。所以轉賬成功後，IBUK 戶口上顯示的成本價和原本在 IBHK 戶口的成本價會是一樣的。

問題七：以 IBUK 投資美股是否享有稅務優惠？

相信大家也知道，收取美股股息，需要繳交 30% 預扣稅（Withholding Tax）。作為香港居民，使用 IBHK 賺取美股股息，便會被扣 30% 預扣稅。如果你是英國稅務居民，由於你需要為賺取到的股息繳納英國入息稅，為避免雙重徵稅（Double Taxation），美國和英國簽訂了相關協議，作為英國居民使用 IBUK 收取美股股息，只會被扣 15% 預扣稅。

問題八：在 IBUK 戶口上，是否不可以購買美國 ETF ？

在英國的證券戶口上，你可以投資美股，但絕大部分的外國 ETF 都不可以投資。因為在 2018 年，為了保障「零售」投資者，歐盟推行一項新法規，「零售」客戶不可以購買零售及保險投資產品組合（Packaged retail investment and insurance products ，PRIIPs），當中包括 ETF、期權、期貨、CFD、ETN 及其它結構性產品，除非這些產品的發行機構提供關鍵資訊文件（KID）。

在新法規制定初期，不少人認為美國 ETF 的發行機構會為了歐盟市場準備 KID，但經過數年，絕大部分美國 ETF 的發行機構都無意準備 KID。因為沒有 KID 提供，所以 IBUK「零售」客戶不可以投資美國的 ETF。如你希望在 IBUK 投資美國 ETF，你必須成為「專業」客戶（Professional Client）。成為「專業」客戶，必須符合以下三個條件中最少兩項，包括：

1) 過往 4 個季度，進行大額金融產品交易的平均頻率達每季度 10 次
2) 持有的金融產品（包括現金）投資組合超過或等於 50 萬歐元
3) 至少有一年在金融行業具備產品知識專業崗位的工作經驗

如果你符合條件，便可以登入 IB，在 Setting（設置）更換客戶類型及提供相關證明文件。如果你未能達到「專業」客戶的要求而又希望投資美國 ETF，其中一個替代方案便是投資在倫敦交易所上市的 ETF。下表列出了一些熱門的相對應 ETF，例如 SPY 可以用 SPXP 代替、VOO 用 VUSA 代替，QQQ 用 EQQQ 代替。下表只供參考，並無意鼓勵或推薦購買任何投資產品。

美國代碼	美國ETF名稱	倫敦交易所上市的相對應ETF代碼
SPY	SPDR S&P 500 ETF	SPXP
VOO	Vanguard S&P 500 ETF	VUSA
QQQ	Invesco QQQ	EQQQ
EEM	iShares MSCI Emerging Markets ETF	IEEM
IWF	iShares Russell 1000 Growth ETF	R2SC / XR5G
VNQ	Vanguard Real Estate Index Fund	XREP / IUSP
GLD	SPDR Gold Trust	SGLN
BNDX	Vanguard Total International Bond ETF	SAGG

若要購買上表中的倫敦交易所上市 ETF 以代替美國 ETF，以下有三點需要特別注意。

一、ETF 組合

上表中所列出的只是相類似的 ETF，它們的持股成份未必和原本美國 ETF 完全相同，所以投資之前，務必對相關 ETF 做足功課。另外，倫敦交易所上市的 ETF 是以英鎊結算，投資時亦需要考慮匯率問題。

二、管理費

倫敦交易所上市的相對應 ETF，與原本美國 ETF 的管理費不一定相同。

三、交易量

美國 ETF 交易量比倫敦交易所的 ETF 多很多。大家在投資這些 ETF 時，也必須考慮它們的流通性。

問題九：原本在 IBHK 戶口中的外國 ETF 倉位，當轉戶口到 IBUK 後，可以繼續持有嗎？

答案是可以的，你可以繼續持有原本的倉位，但是只能夠平倉，不能夠再加倉。

問題十：我們可不可以把原有在 **IBHK** 的投資轉到 **IBUK ISA** 戶口？

ISA（Individual Savings Accounts）是英國個人免稅儲蓄賬戶，ISA 賬戶內的利息及收益可享有免稅優惠。但目前 IB 不支持 ISA 賬戶和其他賬戶進行內部轉賬，所以 ISA 的投資需要在 ISA 戶口入面獨立操作。

8.2 高息活期存款：
推薦兩間英國銀行戶口

在本書第一章提及，大家在移英前可以在香港先開立英國匯豐銀行戶口，以盡早把資金離岸，而且可以在出發英國前擁有一張 Debit Card（扣賬卡），方便到步時用作日常消費和乘搭交通工具。不過筆者親身的體驗是當你居住在英國的時間愈長，你可能會愈來愈少使用英國匯豐的銀行戶口。

首先，英國匯豐的客戶服務並不理想，往往需要等數小時才能接駁到真人客服。另外，戶口很容易遭英國匯豐封鎖，雖然你聯絡銀行便可解封，但我相信沒有人喜歡三不五時致電給他們，還要等數小時才能接駁到客服解封。所以，當筆者有一個長期地址後，便馬上決定開立其他銀行戶口。

為何要有長期地址之後，才開立銀行戶口？因為在英國，如果你在銀行體系的個人資料庫裡顯示經常更換地址，是會影響到你的 Credit Score（信用評級）。 在英國，信用評級會影響申請按揭、信用卡，甚至業主租房子給你的意願。所以如果來英國前已經申請了英國匯豐銀行戶口，可以暫時使用，當有長期地址之後，才申請其他銀行戶口。

筆者現時除了匯豐外，還有用另外兩間銀行的戶口，一間是英國四大銀行之一的 Lloyds Bank（駿懋銀行），另一間是虛擬銀行 Chase Bank（大通銀行）。

Lloyds Bank 的戶口筆者作為主要戶口，用作存款及支薪。因為 Lloyds Bank 是英國四大銀行之一，感覺上比較穩妥和有保障。當初選擇 Lloyds Bank 的原因是開戶方便，全程網上辦理，開戶後 2-3 日便收到寄來的 Debit Card，不用抽時間前往分行提交文件。除此之外，相對另外幾間大銀行，Lloyds Bank 有較高活期存款利息。有關存款利息，下文會再詳細分享。

至於 Chase Bank 這個名字大家可能比較陌生，其實該行是 J.P. Morgan
（摩根大通）旗下的虛擬銀行。當初為何打算開一個虛擬銀行戶口？由
於筆者的儲蓄主要放在 Lloyds Bank，所以不想把 Lloyds Bank 的 Debit
Card 隨身攜帶，萬一遺失或被人偷了便很麻煩。申請多一張 Debit
Card，每月由 Lloyds Bank 的戶口轉賬日常開支到另一銀行戶口，用作
消費和乘搭交通工具。此戶口裡只會存放有限的金額，即使被盜用，損
失亦有限。而為何選擇 Chase Bank？第一，開戶簡單，和 Lloyds Bank
一樣網上申請便可。第二，使用 Chase Bank，不論乘搭交通工具或購物
均有 1% 現金回贈。第三，Chase Bank 可以開立 1.5% 活期存款利息戶
口。

分享了為何選擇使用 Lloyds Bank 及 Chase Bank，以下詳細講解它們的
優勢，包括利息、現金回贈以及其他優惠。

Lloyds Bank 戶口種類及優惠

Lloyds Bank 有 4 種戶口可以選擇開立，分別是 Classic、Club Lloyds、
Platinum 和 Club Lloyds Platinum。Classic 就是一般戶口，不收月費但亦
沒有存款利息。至於 Club Lloyds，月費 3 英鎊，但只要每月存入 1,500
英鎊，便會自動退回月費。Club Lloyds 的好處是可以活期存款，你戶
口中的 1-3,999.99 英鎊存款，可享有 0.6% 年利率。而 4,000-5,000 英鎊
的存款則可享有 1.5% 年利率。

要享用此活期存款優惠，你需要有最少兩張經 Lloyds 戶口繳交的自動轉賬賬單。除活期存款優惠外，每年 Club Lloyds 客戶還可以免費獲得 6 張電影換票券。而 Platinum 月費為 21 英鎊，服務包含了全球家庭旅遊保險、手提電話保險及汽車故障保險。最後 Club Lloyds Platinum，顧名思義便是結合了 Club Lloyds 加 Platinum 服務的戶口。

	Classic	Club Lloyds	Platinum	Club Lloyds Platinum
月費	免費	£3 （每月存入£1500 自動退回月費）	£21	£3 + £21 （每月存入£1500 自動退回£3月費）
優惠		活期存款利息： £1-£3999.99存款， 享0.6%年利率； £4000-£5000存款， 享1.5%年利率 （需建立兩項自動轉帳） 6張電影換票券/ 美食協會會員優惠/ 免費雜誌訂閱/ 12套數碼電影租借	全球家庭旅遊保險、 手提電話保險、 汽車故障保險	活期存款利息： £1-£3999.99存款， 享0.6%年利率； £4000-£5000存款， 享1.5%年利率 （需建立兩項自動轉帳） 6張電影換票券/ 美食協會會員優惠/ 免費雜誌訂閱/ 12套數碼電影租借 全球家庭旅遊保險、 手提電話保險、 汽車故障保險

* 資訊更新至2022年7月1日

筆者選用的是 Club Lloyds，因為是支薪戶口，所以每月有超過 1,500 英鎊存入，可以每月自動退回 3 英鎊月費。如果你未有工作，也可以每月由其他銀行戶口轉賬到 Lloyds Bank，這做法同樣可以退回月費。另外，電費和電話費賬單筆者是用 Lloyds Bank 的戶口自動轉賬繳交，所以可以享有高存款利率優惠。每年亦會收到 6 張電影換票券。

筆者使用 Club Lloyds 以來的體驗也很好，沒有試過需要致電客戶服務解決任何問題。另外，Lloyds Bank 的 App 還可以免費查詢信用評級，非常方便。

現時筆者的英國匯豐銀行戶口，基本上是用作管理香港和英國兩地資金，日常盡量少用。而 Lloyds Bank 是主要戶口，所有儲蓄都放在裡面。為安全計，筆者另外申請多一個銀行戶口，支付日常開支，戶口內只存有限資金，如果遺失了損失不會很大，因此只要受英國存款保障的銀行，都會考慮。

Chase Bank 戶口優惠

經過比較後，筆者決定使用 Chase Bank。Chase Bank 是 J.P. Morgan 旗下的虛擬銀行，更有兩大賣點：第一，就是有 1% 現金回贈。不論網上購物、線下購物或乘搭交通工具均有 1% 現金回贈。第二，Chase Bank 可以開立 1.5% 利率活期存款戶口，不收任何費用亦沒有最低存款額。另外，Chase Bank 作為虛擬銀行最大優勢，是 24/7 客戶服務支援，有什麼問題都可以用 App 上的 Online Chatroom 隨時向客服查詢，短時間內得到解答。與 Lloyds Bank 一樣，辦理 Chase Bank 戶口只需要網上申請，申請完等 2-3 日後就會收到寄來的 Debit Card。

8.3 英國工作必備：
網上申請國民保險號碼

有不少人以為只有英國的上班族才需要繳交國民保險（National Insurance），其實自僱人士同樣需要繳交國民保險。另外，當你登記成為選民或開立英國的投資戶口時，也需要填寫你的國民保險號碼。因此，基本上每位移民到英國的人士都需要申請國民保險號碼（National Insurance Number，NINO）。

首先和大家簡介一下什麼是國民保險。在英國，你需要供款國民保險才可以享有某些社會福利，包括生育津貼、喪親津貼等，以及退休後，領取國家養老金（State Pension）。這裡補充一些資料，你必須有最少 10 年的國民保險供款，才有資格領取國家養老金，而要領取最高額的養老金（現時為每周 179.6 英鎊），便需要供款最少 35 年或自行增加供款金額。

雖然稱為「國民保險」，但説白一點，其實是税收的一種，因此是強制性的供款，你不能説放棄不領取養老金或其他福利，而不供款國民保險。當你年滿 16 歲，是每周收入超過 184 英鎊的僱員，或是每年利潤超過 6,515 英鎊的自僱人士，都必須繳付國民保險。而僱員除了個人供款外，僱主也需要為你供款，操作類似香港的強積金。至於供款金額，每個税務年度不同，可參考官方網址：https://www.gov.uk/national-insurance/how-much-you-pay。

由於國民保險涉及領取福利及養老金的資格，所以你需要一個 NINO，用來追蹤你的供款記錄。一般英國的上班族都需要提供 NINO 給僱主，僱主每月便會代你繳交國民保險供款及所得税。而你每月領取的收入便是税後收入，換言之，你不需要再就受僱收入報税。而自僱人士同樣需要 NINO，並在每一個税務年度自行報税（self-assessment）。

除了上班族和自僱人士，其實所有年滿 16 歲人士均建議申請 NINO，其中最大的一個原因是登記成為選民需要填寫 NINO。登記選民是公民的義務和權利，所以建議大家登記成為選民。即使你討厭政治，在英國，成為選民可以提升信用評級（Credit Score），信用評級高低影響你日後租樓或申請按揭，所以沒有理由不登記做選民。有關如何在英國登記做選民，可以參考下一章。

另外，在英國若要開立投資戶口，包括英國的 Interactive Brokers 戶口或者免税投資戶口 ISA 等，均需要填寫 NINO。以下便和大家分享申請 NINO 的步驟。

申請 NINO 必須已經在英國居住及有英國的收信地址，所以不可以在香港預先申請。申請方法可以透過網上申請，網址：https://www.gov.uk/apply-national-insurance-number/how-to-apply

進入網站後，點擊「Apply」按鈕，便可以開始申請。開始申請前，頁面會提醒你有什麼需要準備。包括你的護照號碼、BRP（生物識別居住證）號碼或 BNO Visa 確認電郵中的 reference number。除此之外，申請過程中，你需要上載護照及你手持著護照的相片。

開始申請，網站首先會問「Have you applied for a National Insurance number before?」，若你是首次申請 NINO，便選擇「No」。

下一題，「Are you working or looking for work in the UK?」，根據你的
情況選擇「Yes, I am working or have an offer to start work in the UK」、
「Yes, I am looking for work in the UK」或「No, I am not working and
not looking for work in the UK」。

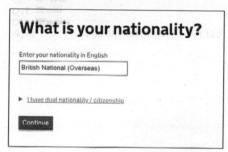

之後，填寫你的姓名（請依照護照上的姓名填寫）及性別。下一題，
填寫你的國籍，如果你持有 BNO 護照，可以選擇「British National
(Overseas)」，而持有特區護照則可以選擇「Hong Konger」。

What is your nationality?

Enter your nationality in English

British National (Overseas)

▶ I have dual nationality / citizenship

Continue

What is your nationality?

Enter your nationality in English

Hong Konger

▶ I have dual nationality / citizenship

Continue

之後，填寫你的出生日期。下一題，選擇你是否在英國出生？。若選擇「No」，你需要提供首次搬來英國的日期。

之後，填寫你的地址。填寫 Postcode 後，便可以選擇你的地址，及後網站會問你所填寫的地址可否作為收信地址。英國政府是透過信件告知你 NINO，所以你必須有英國的收信地址才能申請 NINO。

下一題提供電郵地址，因申請完成後，網站會寄一封確認電郵給你，電郵中附有Reference Number。如果你超過8星期仍未收到NINO的信件，你便需要憑 Reference Number 跟進你的申請。之後是提供電話號碼。如果你的申請有任何問題，當局會打電話和你跟進。

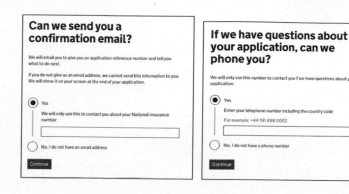

下一題提供你的護照號碼，如果你用 BNO 護照申請 BNO Visa 便填寫 BNO 護照號碼，如果你用特區護照申請 BNO Visa，則填寫特區護照號碼。

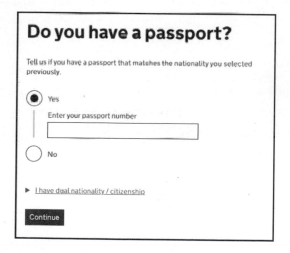

下一題是填寫 BRP 號碼，填寫後下一
步是上載照片。但如果你是以 App 申
請 BNO Visa，沒有 BRP 的話，就選
擇「No」。選擇「No」後，就會問你
「Do you have a visa to live and work
in the UK?」。由於持有 BNO Visa 是
可以在英國居住及工作，所以這題選
擇「Yes」。

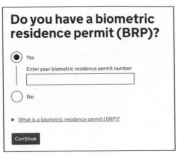

下一題問你的護照上有沒有簽證貼
紙（Vignette）。由於使用 App 申請
BNO Visa 是 沒 有 Vignette，所 以 這
題選擇「No」，之後問有沒有 UK
Resident Card（英國居民卡），也是
選擇「No」。

下一題問你是否有 UK Home Office（英國內政部）發出的簽證證明或 Reference Number，所有通過 App 成功申請 BNO Visa 的人士，都會收到 BNO Visa 確認電郵，電郵上會有你的 Reference Number，所以這題選擇「Yes」，之後填上 Reference Number，其中號碼中間的「-」可以不用輸入。

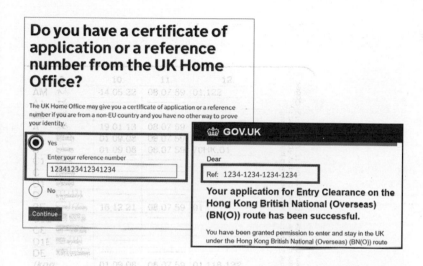

大家填完 BRP 號碼或者 BNO Visa 確認電郵上的 Reference Number，便需要拍照以及上載相片，作為身份證明。大家需要準備好自己的 BNO 護照或特區護照。

首先大家需要拍攝護照有照片的那一頁。對於照片的要求,你需要拍下護照有照片的一頁與及相連著的那一頁,不可以只拍有照片的一頁。另外,相片必需是對焦,而護照上的資訊要清晰可見,並且只接受 JPG、JPEG 及 PNG 格式的相片。網頁上有一個範例,護照上的資料不可以用手遮住。當你用手機或其他裝置拍完照片並儲存在電腦後,就可上載相片。

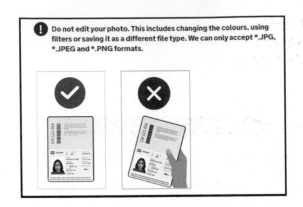

下一步,就是要上載一張你拿著自己護照的相片。你要拿著護照,打開有相片那一頁。這張相要求你把嘴巴合上、頭髮不可以遮擋雙眼、眼鏡不可以反光等等,同樣只可以接受 JPG、JPEG 以及 PNG 格式的相片。頁面上的範例,示範了相片要看到你整個臉部以及護照完整的頁面。拍攝好的照片就可上載至網站。

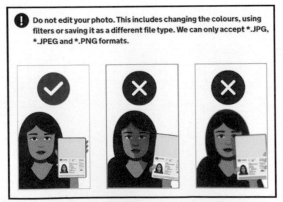

最後一步，就是檢查一次你所填寫的資料是否正確無誤，如果沒有問題，便可以剔選「I have read and understand the information on this page」的方格，之後 click「Accept and send」提交申請，這樣就完成整個申請程序，頁面會顯示一個 Application Reference Number，日後如果有什麼問題你可以用這個 Reference Number 跟進情況。

Thank you for your application for a National Insurance number

We have received your application for a National Insurance number.

Your application reference number is:

A1234567

If you gave us your email address during your application, we have also sent your reference number by email.

If you need to contact us about your application, you must give us this reference number. Check whether you received an email from us or make a note of your reference number before you close this tab.

雖然官方顯示要 8 星期你才會收到你的 NINO，但筆者和身邊朋友的親身經驗，其實兩星期就會收到信。信上面會顯示你的 NINO，這個 NINO 會跟你一世，不會改變，所以大家要好好記下這個號碼。

Your application reference: A1234567

We have many different ways we can communicate with you. If you would like braille, British Sign Language, a hearing loop, large print, audio or something else, please contact us using the phone number at the top of this letter.

Dear

We have approved your application for a National Insurance number.

Your National Insurance number is:

AB123456C

Please keep your National Insurance number and this letter safe.

Your National Insurance number:

- is yours – no-one else can use it
- will not change
- is not proof of your identity

8.4 履行公民責任：
網上登記英國選民

本文會與大家分享移民到英國後，如何在網上登記成為英國選民。為何要登記成為選民？成為選民，你便可以投票，透過選出代議士，你可以就你關心的議題，包括 BNO 移民、公共醫療、房屋、教育等問題發聲，決定英國未來政策方向。投票是公民的責任和權利，所有合資格登記做選民的人士，都應該登記成為選民。

其次，登記成為選民是可以提升個人的信用評級（Credit Score）。在英國如果要買樓申請按揭，金融機構需要檢查你的信用評級，才決定是否批核以及批出多少成數的按揭。就算你只是租屋，信用評級也會影響業主租屋給你的意願。甚至乎申請信用卡、分期付款購物也和信用評級有關。作為初到英國的移民人士，登記成為選民是其中一個提升信用評級的方法。

英國公民或合法居住英國的英聯邦、愛爾蘭、歐盟公民，當中包括持有BNO 護照的人士，只要年滿 16 歲就符合資格登記成為英國選民。簡單來說，移民來到英國的人士，包括 BNO Visa 移民，只要你夠 16 歲以及有 BNO 護照，就可以登記成為英國選民。如果你只有特區護照沒有BNO，暫時是不符合資格成為選民。你需要等到居英滿 6 年後，成功入藉成為英國公民才可以登記成為選民。現在筆者就一步一步和大家分享，如何網上申請登記成為英國選民。

首先上英國官方 Register to Vote 的網站，網址 https://www.gov.uk/register-to-vote。點擊「Start now」，開始申請。

第一題選擇你居住於英國哪個區域，你根據自己的情況去選擇。第二題問你的國籍，持有 BNO 護照的人士可以選擇「Citizen of a different Country」，之後在 Country Name 選擇 「Hong Kong, British National Oversea Citizen（BNO）」。

第三題填寫你的出生日期，第四題填寫你的全名，你依照 BNO 護照上的名字填寫就可以。之後會問你曾否更改過姓名，如果沒有，就選擇「No, I haven't changed my name」。如果你曾經改過姓名，你可以選擇「Yes」，之後根據指示填寫你原本的姓名。

第五題填上你的英國國民保險號碼（NINO），上一篇文章已有教大家如何網上申請 NINO，如果你未有或者正在申請而未收到 NINO，都可以登記成為選民，只要你點擊「I don't know my National Insurance number」。之後再揀選「I can't provide my National Insurance number」，然後在空格內填寫原因，例如：你剛來到英國，申請了但還未收到 NINO；第二個空格是填寫你的電郵地址。因為你沒有 NINO，當局需要你提交身份證明才可以讓你登記成為選民，留下電郵地址方便地方政府和你聯絡，通知你如何提交身份證明。

之後，就會詢問你的地址，首先填寫你的 Postcode，下一步選擇你的地址，然後會問你是否有另外一個地址，如果沒有便可以選擇「No」。

第九題，會問你在 12 個月內有沒有永久搬離另一地址，如果這一年才移民到英國的朋友，可以選擇「Yes, from abroad」，之後問你是否曾經以海外地址登記做英國選民，可選擇「No」。

下一題問你希不希望退出 Open Register（公開登記名冊）。Open Register 是選民登記名冊的公開版本，任何人都可以付錢購買，不過多數是公司購買，藉著 Open Register 上的個人資料，包括姓名和地址，作為營銷或宣傳目的，例如郵寄傳單、促銷或專屬優惠。而退出 Open Register，你可以防止你的個人資料被他人購買，並減少收到不必要的信件。

你可能會問，如果退出 Open Register 會不會影響 Credit Score ？答案是不會！因為當你申請按揭或借貸，你需要同意相關機構的條款，允許對方使用完整的選民登記名冊檢查你的個人詳細資料，所以退出 Open Register 並不會影響 Credit Score，大家可以不需要擔心。如果你想退出 Open Register，不將自己的個人資料公開，就可以剔選「I do not want my name and address to appear in the open register」的方格。

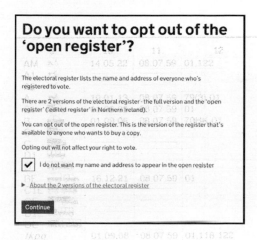

下一題，問你想不想申請 Postal Vote（郵寄投票），即在投票日前，政府會郵寄選票給你；你只要截止日期前寄回你的選票就完成投票，不需要親身去投票站投票。任何人都可以申請 Postal Vote，不需要提供理由。申請 Postal Vote 要另外填一份申請表格，如果你想申請 Postal Vote，你可以選擇「Yes, send me a postal vote application form」，然後選擇以電郵還是郵寄方式收取申請表格。如果你不想申請 Postal Vote，就可以選擇「No, I prefer to vote in person」。日後，如果你想更改成 Postal Vote，可以隨時提交表格申請。

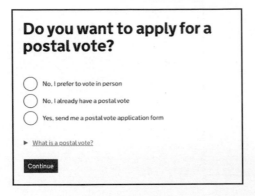

下一步就會問你，如果就你的申請有任何問題，希望選舉登記辦公室以什麼方法聯絡你？你可以提供電話、電郵或同時提供電話和電郵。如果你不提供聯絡方法，他們就會以郵寄信件形成聯絡你，有機會影響你登記做選民所需的時間。

最後檢查一次你填的內容是否正確無誤，如果提供虛假資料，你可能會被判監 6 個月或罰款，所以大家一定要確認清楚。如果資料沒有問題，就可以點擊 「I accept — send my application」，提交申請後，頁面會顯示你的 Application Reference Number，一般 10 日內你便會收到信件通知你成功登記成為選民。

另外，由於我們是英國的新移民，有部分地區的選舉登記辦公室可能會要求申請者電郵 BNO 護照的相片作為身份證明。他們會在你申請後的 1-2 日聯絡你，你只要依照對方指示，提供相關文件就可以。

登記成為選民後，如果你居住英格蘭，而又年滿 18 歲，以下的選舉你便可以具有投票權。選舉資料的官方網址： https://www.gov.uk/elections-in-the-uk。

- General Election - Members of Parliament（全民選舉 — 英國議會議員）
- Local government - Local Councillors（地方政府 — 地方議員）
- Local mayors, Mayor of London and London Assembly（市長、倫敦市長及倫敦議會）
- Police and Crime Commissioner（警察及犯罪事務專員）
- Referendums（公投）

《移英生活說明書》

作者：Michelle Wu
出版經理：馮家偉
執行編輯：Gary
美術設計：Senna Ng
出版：經緯文化出版有限公司
地址：觀塘開源道 55 號開聯工業中心 A 座 8 樓 25 室
電話：852-5116-9640
傳真：852-3020-9564
電子郵件：iglobe.book@gmail.com
網站：www.iglobe.hk

港澳發行：聯合新零售 (香港) 有限公司
電話：852-2963-5300

台灣地區發行：大風文創股份有限公司
電話：886-2-2218-0701

國際書號：978-988-75929-7-6
初版日期：2022 年 7 月
定價：港幣 138 元 台幣 499 元

iGLOBE PUBLISHING LTD.
Rm25, 8/F, Blk A, Hoi Luen Industrial Ctr., 55 Hoi Yuen Rd.,
Kwun Tong, KLN

免責聲明
本書所有資料只可作參考用途，本書作者與編者已盡力查證書內資料，以確保
內容無誤。讀者如因本書內容招致任何損失，本公司與作者概不負責。
若讀者發現書本內容有誤，歡迎來信指正。